KB079006

내 통장
구제하기
프로젝트

30만 원으로 시작한 만화가의 노동 탈출 일대기

내 통장 구제하기

프로젝트

RHK
알에이치코리아

때는 2018년도 말…

잔액

321,780원

생활비
계좌 잔고가
오링나다….

참고로 나는 내가 스스로
돈을 벌기 시작한
21살 때부터 지금까지

풀썩

잔고가 떨어져
본 적이 없었다.

낭비라고 할 만한 일은 거의 하지 않고
필요한 지출만 하고 남은 금액은
대부분 저축을 했다.

알바로 한 달에
30만 원을 벌 때조차
저축을 했을 정도다.

저축이 바닥났을
당시 나는
데뷔 4년 차였고

그동안 웹툰을
연재하면서 모은 저축은
다음 작품을 준비하는 기간에
다 써 버리곤 했다.

그리고 그걸 반복하면서
항상 0에서부터 다시
저축을 시작하곤 했다.

돈 공부를 해야겠어!

예전의 나는 체계라고는 거의 없이 돈 관리를 했다. 무작정 소비는 적게, 남은 돈은 몽땅 통장에. 심지어 적금이나 예금통장도 아닌 이자라곤 없는 입출금통장에 저축을 해 왔다. 그럼에도 불구하고 수입의 대부분을 저축하고 있으니 성실하게 돈 관리를 잘하고 있다고 믿었다. 하지만 이상하게도 연재를 하는 동안 모은 돈은 다음 작품을 준비하는 기간에 전부 사라졌다. 연재를 시작하면 다시 저축했지만 또 전부 사라지는 과정이 루프처럼 반복됐다. 한두 번 정도는 '그래, 돈을 쓰는데 수입은 없으니 저축한 돈들이 사라지는 게 당연하지'라고 생각했다.

그렇게 지내던 어느 날, 작품 준비를 하던 도중 저축한 돈이 정말로 바닥났다. 잔고를 보니 작품 준비고 뭐고 일용직이라도 뛰어야 할 위기였다. 그제야 '정말로 뭔가 잘못되었구나' 하는 생각이 들었다. 내가 뭘 모르고 있는지도 모르겠지만, 어쨌거나 뭐가 문제인지 파악하려면 돈에 대해 알아야 했다. 그렇게 돈 공부를 하기로 했다.

돈 공부는 의외로 적성에 잘 맞고 즐거웠다. 나는 실용적인 것들에 매력을 느끼는데, 자본주의 사회에서 돈 공부란 그야말로 실용 학문의 '끝판왕'이었다. 한동안 금융 서적들에 푹 빠져들었다. 그리고 현재, '자산소득만으로 생활비를 충당해서 생계노동 탈출하기'라는 경제적 목표를 돈 공부를 시작한 지 약 3년 만에 달성하게 되었다. 원래는 9년 정도를 예상했는데 실제로는 훨씬 빨리 달성한 것이다. 다만 현재로서는 장기적으로 유지될 수 없는 형태라 나는 지금 상태를 '세미' 경제적 자유라고 부르고 있다.

돈 공부를 시작하고 경제적 목표를 만들자, 목표를 달성하는 방법

과 문제를 해결하는 방법 등의 공부에도 필요성을 느꼈다. 그리고 그런 공부들을 하면서 여러모로 예전보다 스스로가 인생 전반을 원하는 방향으로 끌고 갈 수 있게 되었다는 생각이 든다. 내가 해 온 공부들을 간단하게 '돈 공부'라고 말하긴 했지만 사실 내가 해 왔던 공부들은 '돈을 많이 버는 공부'가 아니라 '내가 원하는 삶에 가까워지기 위한 공부'였던 것 같다. 그 과정에서 배우게 된 것들을 이 책으로 전할 수 있다면 좋겠다.

이삭

차 례

PART 1

목표를
정하는 방법

몇 년간 열심히 달렸다.

정말 열심히.

그런데도 돌아보면 언제나
출발점 근처였다.

목적지를 몰라
헤매느라
아무리 달려도

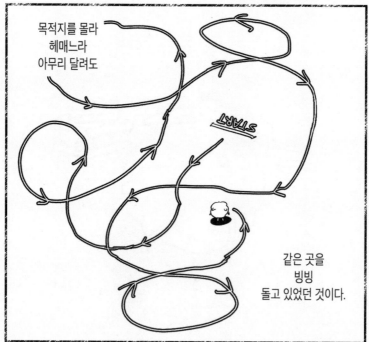

같은 곳을
빙빙
돌고 있었던 것이다.

이제는
한 발짝 내딛을 때마다
확실히 목표에
가까워진다.

가야 하는 방향이 보인다.

나아가기만 하면 된다.

'돈 관리'란 무엇일까?

세상에는 절약, 저축을 열심히 하는 사람도 많고 재테크로 자산을 불리려고 하는 사람도 많다. 하지만 그런 사람들조차 돈 관리가 무엇인지 제대로 알고 있는 사람은 별로 없다. '돈 관리'란 대체 무엇일까? 당신은 체계화된 돈 관리 방법을 가지고 있는가? 그저 삶을 유지하기 위해 앞으로 수십 년간 노동을 지속해야 한다는 생각에 종종 아득한 기분이 들지는 않는가?

나는 효율적이고 수치화된 시스템을 만드는 것을 좋아한다. 이런 성향이 내가 예상보다 빠르게 경제적 목표를 달성할 수 있도록 도와주었다고 생각한다. 그래서 이 책에서는 가능하면 구체적인 수치를 이용해 스스로의 상황에 맞춰 돈 관리를 할 수 있는 시스템을 만드는 방법에 대해 이야기해 보려고 한다.

돈 관리의 첫 단계를 절약이라고 생각하는 사람들이 많을 것이다. 하지만 이건 '실행'의 단계로, 돈 관리의 가장 마지막 단계에 가깝다. 내가 생각하는 돈 관리 개념은 이렇다. 돈이 삶의 '목적'이 아닌 '수단'임을 명심하고, 그 수단을 더욱 효율적인 방식으로 운용하기 위해,

1. 자신이 도달하고 싶은 경제적 목적지를 설정하고
2. 현재 자신의 경제적 출발점(경제적 상황과 자금 흐름)을 파악해
3. 목적지까지 도달하기 위한 계획과 전략을 짜고
4. 실행하는 것이다.

재난·탈출 영화 〈엑시트〉에서는 클라이밍의 가장 기본은 '루트파인딩(길 찾기)'이라는 대사가 나온다. 어떻게 보면 경제적 위기도 재난이라고 할 수 있다. 그렇기에 돈 관리 또한 출발 지점과 골인 지점을 알고, 본인의 역량을 파악한 후 골인 지점으로 가기 위해 어떤 전략을 사용해야 더 효율적이고 빠르게 도착할 수 있을지 계획을 짜는 '루트파인딩'이 우선이다. 돈을 절약하고, 저축하고, 투자하는 '실행'의 단계는 그 이후의 이야기다.

돈 관리 방법을 제대로 알지 못한다면

처음 간 곳에서 길을 잃어 본 적이 있는가? 그때 지도마저 없다면 굉장히 당혹스러울 것이다. 삶도 마찬가지다. 우리는 매일 매 상황을 처음 겪으며 살아간다. 그렇기 때문에 종종 길을 잃은 것처럼 불안하고 혼란스러워 한다. 지도가 없으니 내가 어디에 있는지도 모르겠고, 정확히 어디로 가야 할지도 모르겠고, 두루뭉술하게 정한 목적지에는 또 어떻게 도달해야 할지 모르겠다. 30km면 도착할 거리인데 300km 거리라고 지레짐작해 포기하고 도전하지 않기도 한다. 이런 식으로 지도가 없으면 원하는 곳에 도달하지 못할 가능성이 매우 커진다.

아예 저축도 재테크 공부도 하지 않는 것에 비하면 낫긴 하지만, 구체적 목표(골인 지점)도 없고, 현재 상태(현재 위치)도 모르는 상황에서 무작정 달리기만 하면 지치기만 할 뿐, 자신이 진정으로 원하는 곳에는 도달하기가 힘들다. 한참을 달리고 난 후에, '왜 내가 여기에 있지?', '그렇게 노력했는데 왜 나는 아직도 불안하고 전혀 행복하지 않지?' 하며 허탈해질 뿐이다. 그렇게 허탈감을 느낀 후엔 어차피 저축해 봤자 의미 없으니 지금을 즐기겠다는 생각으로 저축하지 않게 되어 버리거나, 한방을 노리는 마음으로 위험한 투자를 해서 기껏 모은 자산을 날려 버리기도 한다.

대개의 사람들이 미래에 대해 불안감을 갖고 있거나 노후 걱정을 하고 있을 것이다. 특히 나 같은 프리랜서라면 불안정한 수입 때문에 더욱 불안감이 크다. 그렇기에 우리는 더욱 돈 관리를 해야만 한다. 미래의 경제적 안전망을 만든다는 이유도 있지만, 계획적인 돈 관리는 이러한 불안감으로 인한 정신적 스트레스 또한 크게 줄여 주기 때문이다.

우리는 '알 수 없는 것'을 겁내는 습성을 가지고 있다. 하지만 내가 원하는 삶을 위해 어떠한 노력을 어느 정도의 기간 동안 해야 하는지 알게 된다면, 그리고 그렇게 행동하면 꽤 높은 확률로 그러한 삶을 얻을 수 있다는 것을 구체적으로 예상할 수 있게 된다면, 우리는 그 불안의 상당 부분을 사라지게 할 수 있다. 예상 가능한 것은 더 이상 불안하지 않다.

'불안'이란 인생을 쾌적하지 못하게, 즐기지 못하게 만드는 큰 네거티브 요소 중 하나다. 나 또한 불안정한 수입과 점점 안 좋아지는 업계 환경 때문에 극심한 불안감에 휩싸여 정신적으로 크게 힘들어하던 시기가 있었다. 하지만 돈 공부를 시작한 후, 가고 싶은 방향을 제대로 설정하고 그 삶을 얻기 위해 필요한 것들을 꼽아 보고 계획을 짜고 실행하기 시작하자, 그러한 불안감이 놀랍도록 빠르게 줄어들었다. 지금은 예전보다 확실하게 더 행복하다. 모든 삶의 궁극적 목적은 더 즐겁고, 행복하고, 쾌적한 삶이라고 할 수 있다. 목적지를 향해 가는 길을 알기만 해도, 목적지에 가까워진다니 일거양득이지 않은가?

그렇기 때문에 길을 나서기 전에 지도가 필요하다. 지도가 있으면 우리는 목적지의 위치를 정확히 인식할 수 있고, 내가 있는 곳이 어디인지 알고, 가야 할 루트를 짤 수도 있다. 가는 길이 얼마나 걸릴지, 어떤 위험이 있고 무엇이 필요한지를 파악하고 준비물을 꾸릴 수도 있다. 하지만 남이 준비해 준 지도로는 내가 진정으로 원하는 곳에 도달할 수 없다. 그러니 나의 지도는 내가 직접 만들어야 한다.

지도를 만드는 데에는 당연히 종이와 펜이 필요하다. 옆에 종이(노트)와 펜을 준비해 두고 지도를 만드는 데 필요한 요소들을 적어 가며 책을 읽기 바란다. 그냥 머릿속으로 생각만 해 보는 것과, 생각한 것을 글자로 실체화하는 것의 차이는 아주 크기 때문이다.

2

목적지 설정하기

나는 만화가가 되고, 첫 작품에서 그간의 목표를 달성해 버렸다. 그리고 이후 몇 년간 나아갈 목적지가 없어 많은 방황을 했다. 그 몇 년간은 그때그때 열심히 노력했지만 뒤돌아보면 전혀 앞으로 나아가지 못한 시기라 괴로웠다. 목적지가 없으니 어디에도 도착할 수 없었고 나아갈 방향을 모르니 일직선으로 달려 나가지 못해 노력 대비 효율이 엄청나게 떨어졌던 것이다.

우리가 지도를 만들 때 가장 중요한 요소는 바로 명확한 목적지다. 지금 내 위치가 어디인지, 어떤 길로 가야 하는지 잘 모르더라도 목적지를 안다면 어떻게든 도착하는 게 가능하기 때문이다. 가는 데 시간이 굉장히 오래 걸리거나 더 힘들 수 있지만, 행인들에게 "○○까지 어떻게 가나요?" 하고 물어 어찌어찌 목적지에 도착할 수는 있는 것처럼 말이다. 하지만 명확한 목적지 자체가 없다면 아무리 오랜 시간을 노력해도 원하는 곳에 갈 수 없다.

이 챕터에서는 바로 그 가장 중요한 목적지를 설정하는 방법에 대해 이야기를 해 보려고 한다.

참고로 목적지와 목표는 비슷하지만 조금 다르다고 볼 수 있다. 목적지는 말 그대로 우리가 도달할 장소이고, 목표는 그 목적지에 언제, 어떻게 도달할 것인지에 대해 구체적인 수치 등을 이용해 표현한 것이다. 마라톤을 예시로 든다면 마라톤의 골인 지점이 목적지이고, 그 목적지에 4시간 내에 다친 곳 없이 도착하겠다는 결심이 목표다. 다만 명심해야 할 점은 이 마라톤은 사람마다 목적 지점도 출발 지점도 제각각인 마라톤이라는 점이다. 그렇기 때문에 나의 상황과 목적지를 제대로 고민하지 않고 '사람들이 많이 가는 방향으로 따라가면 되겠지!' 한다면 내 목적지에 도달하기 어려울 수 있다.

나만의 목표를 정하기 위해서는 세 가지가 필요하다.

1. 목적지 설정: 나는 어떻게 살고 싶은가?
2. 현재 위치(출발 지점) 파악하기: 지금 내 자산 상황은?
3. 구체적 목표액 설정하기: 얼마를 몇 년 안에 모을 것인가?

목적지를 정하는 방법

사실 어떻게 보면 목적지 정하기가 가장 어렵다. 자신이 무엇을 좋아하고, 무엇을 하면 행복해지고, 자신에게 무엇이 필요하지 않은지 잘 알고 있어야만 제대로 된 목적지를 정할 수 있기 때문이다. 이런 걸 구체적으로 알고 있는 사람은 사실 그리 많지 않다.

위에서 모든 삶의 궁극적 목적은 '더 즐겁고 행복하고 쾌적한 삶'이라고 썼다. 하지만 행복은 사람마다 각각 다르기 때문에 '나 자신'이 어떠한 삶을 가졌을 때 행복할지를 스스로 찾아내야 한다.

내가 목표로 하고 도달하기 위해 노력했던 삶은 '생존을 위해 노동하지 않아도 안정적인 생활을 할 수 있고, 여행과 독서, 창작 등의 취미를 내가 원할 때 즐길 수 있는 삶'이다. 그 외의 것들은 있으면 좋지만, 없다고 나의 행복도에 큰 영향을 주지는 않는다. 그리고 지금 나는 이 목표를 거의 달성했다. 목표를 이렇게 구체적으로 명시해 두지 않았다면 이 정도로 빨리 달성할 수는 없었을 거라고 확신한다. 눈을 감으면 영상을 보듯이 자신의 행복한 삶을 구체적으로 떠올릴 수 있어야만 한다.

만약 잘 떠오르지 않는 사람에게 약간의 도움을 주자면, 우선 자신을 가장 행복하고 즐겁게 만드는, 장기적으로 자신에게 좋은 영향을 주는 요소 세 개를 적어 보자. 나의 경우는 이렇다.

여행

독서

창작

다만 적을 때, '이것을 가져야만 행복한 삶'이라는 사회적인 압박에 영향받은 것은 아닌지, 자신을 진정으로 행복하게 해 주는 것이 맞는지 다시 한번 생각해 보자. 이것을 분명하게 구분하려면 오랫동안 지속적으로 의심해야 하지만, 지금은 그것을 의심해야 한다는 것을 알아 두는 것만으로도 충분하다.

그리고 그다음에는 삶을 가장 즐겁지 못하게, 쾌적하지 않게 만드는 요소를 세 개 꼽아 보자. 내 경우에는,

생존을 위한 노동으로 인한 부자유

불규칙한 생활 패턴

의지할 사람이 적은 좁고 얕은 인간관계

이렇게 되겠다. 이 중 첫 번째는 어느 정도 달성한 상태지만 일시적인 달성이기도 해서 아예 빼지는 않았다. 지금 당장 세 개나 꼽기 어렵다면 두 개 정도도 괜찮다. 다 적은 다음에는 내 삶에서 나를 행복하고 즐겁게 해 주는 요소는 더하고, 즐겁지 못하게 만드는 요소는 배제한 모습을 상상해 보자. 자신이 원하는 행복한 삶은 어떤 삶

인지 조금이나마 구체적으로 그려 볼 수 있을 것이다. 그리고 그러한 삶을 위해서는 무슨 노력을 해야 할지도 어렴풋이 예상이 갈 것이다.

처음부터 목적지를 완벽하게 정하려고 할 필요는 없다. 만약 중간에 자신의 행복한 삶이 무엇인지 더 잘 알게 되었다면, 목적지는 언제든 바꾸어도 좋다. 완벽하지 않더라도 우선은 '목적지'가 있다는 것이 중요하다.

목적과 수단을 혼동하지 않기

내 목적지에 구체적인 돈의 액수가 들어 있지 않은 것을 발견했는지 모르겠다. 이것은 목적지를 정할 때 아주 중요하다. 5억 모으기, 10억 모으기 같은 것은 삶의 목적이 될 수 없다. 돈 관리가 무엇인지 설명할 때 말했듯이, 돈은 삶의 '목적'이 아닌 '수단'이기 때문이다.

사실 내가 목적으로 한 일상이 이뤄지기만 한다면 내 소유의 금융자산은 0원이라도 상관없다. 나의 경제적 자유에 큰 기여를 한 것도 돈을 운용해서 얻은 투자수익이 아니라 무형자산을 판매해 얻은 '수동적 소득'이기도 하다. 다만 자본주의 사회에서 돈이란 아주 많은 것들과 교환이 가능한 효율적인 수단이기 때문에 기본적으로 돈을 모으고 운용하는 것이다. 돈은 무언가와 교환되지 않는다면 그저 종이나 숫자일 뿐이다. 수단을 목적과 헷갈리는 순간, 우리는 엉뚱한 곳에 도착해 버린다. 많은 돈이 생겼는데 그 돈을 무엇과 교환해야 할지 알 수 없어지거나, 내가 가지고 싶었던 삶을 돈을 벌기 위해 이미 희생해 버렸을 수도 있다. 또한 장기 목표로서 돈 자체는 구체적 동기가 되지 않기 때문에 목표를 달성하기 위한 노력을 지속하기도 쉽지 않다.

우리가 돈을 버는 목적은 돈이 아니라, 돈으로 교환할 수 있는 무언가를 얻기 위해서임을 잊지 말자. 영화 〈죽은 시인의 사회〉에서의 대사를 한 줄 인용해 본다.

"의학, 법률, 경제, 기술 따위는 삶을 유지하는 데 필요해. 하지만 시와 미, 낭만과 사랑은 삶의 목적인 거야."

3

출발 지점 파악하기

　가계부를 쓰는 이유는 뭘까? 여기저기서 가계부를 쓰라고 하니 쓰긴 하지만 많은 사람들이 쓰는 이유도, 활용하는 방법도 제대로 알지 못한다. 가계부를 쓰는 이유는 돈 관리를 하는 데 자신의 현재 현금흐름, 출발 지점을 파악하는 것이 필수적이기 때문이다. 현재 얼마를 벌고, 얼마를 쓰고, 얼마를 가지고 있는지가 그 사람의 출발 지점이다. 그리고 가계부는 바로 그 출발 지점을 구체적인 수치로 알려 준다.

　앞에서 우리는 목적지를 정했다. 그다음에는 나의 현재 위치에서부터 목적지까지 얼마나 걸릴지, 어떤 길로 갈지 계획을 세워야 할 것이다. 이때 사용되는 것이 바로 가계부다. 가계부는 나의 현재 상태, 나의 수입과 지출이라는 현금흐름을 파악하기 위한 통계이자 데이터다. 그렇기에 목적 없이 쓰는 가계부는 성실하게 지속되기 어렵다. 데이터는 활용되지 않으면 수집이나 정리하는 의미 또한 없기 때문이다. 의미 없는 행위를 성실하게 지속할 수 있겠는가?

하지만 이제 우리는 목적지가 있다! 그렇기에 가계부를 성실하게 써 온 사람이라면 이번 챕터에서 필요한 숫자들을 바로바로 산출해 낼 수 있을 것이다. 수입과 지출이 정확한 수치일수록 좋지만, 가계부를 안 쓰는 사람도 아마 자신의 수입과 지출이 대략적으로 어느 정도인지는 파악하고 있을 것이다. 우선은 그런 대략적인 숫자로도 괜찮으니 일단 실제로 적어 보고 계산해 보도록 하자. 그리고 이후 한두 달간 꼼꼼하게 가계부를 써 본 후 다시 구체적인 결괏값을 산출해 보는 것을 추천한다.

현재의 월 수입 / 월 지출 파악하기

정기적으로 동일한 수입이 들어온다면 월 수입을 쉽게 파악할 수 있을 것이다. 매달 수입이 달라지는 프리랜서나 사업자라면 앞으로 1년간의 수입을 대강 계산해서 적어 보자. 감이 잘 안 온다면 이전 6개월간의 평균 수입을 참고하자.

월 지출은 가계부를 쓰고 있었다면 파악이 쉽다. 하지만 가계부를 아주 철저히 쓰고 있던 사람이 아니라면 아마 빠트리고 적지 않은 지출이 있을 가능성이 크다. 내 경우는 가계부를 몇 년이나 꾸준하게 써 왔는데도 공과금이나 카드 지출, 현금 사용액 등을 꼼꼼하게 기록하지 않았었다. 그런데 모든 지출을 작정하고 기록하니 실제로는 30~40% 정도나 더 사용하고 있었다. 이런 식으로 자신의 현재 위치를 잘못 알고 있다면 제대로 된 계획을 짜기가 힘들다.

그러니 한 달 정도 여유를 두고, 지출하는 모든 내역을 전부 철저하게 기록해 보자. 가능하면 고정비와 변동비도 구분하면 좋다. 요즘은 가계부 애플리케이션이 잘 나와서 이전보다 가계부 작성이 꽤 수월하다.

● **현금흐름표**

'현금흐름표'는 말 그대로 현금이 어떻게 들어가고 나가는지, 현금흐름을 기록하는 표다. 나는 구글 스프레드시트로 '현금흐름표'라는 표를 만들어 매달, 매년의 현금흐름을 기록하고 있다. 이를 기반으로 예산을 짜서 지출 계획을 세우거나 소득통계를 내서 그 해의 목표를 얼마나 달성했는지 등을 파악한다. 물론 가계부 애플리케이션에서도 어느 정도 통계를 내 주긴 하지만 엑셀 형식을 이용하면 내가 원하는 데이터를 별도로 정리하거나 산출할 수 있다는 점이 좋다.

〈현금흐름표 예시〉

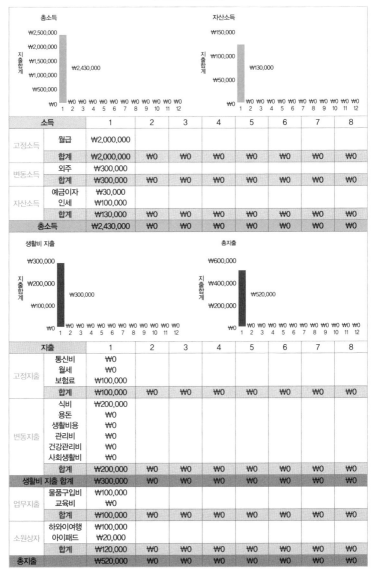

소득		1	2	3	4	5	6	7	8
고정소득	월급	₩2,000,000							
	합계	₩2,000,000	₩0	₩0	₩0	₩0	₩0	₩0	₩0
변동소득	외주	₩300,000							
	합계	₩300,000	₩0	₩0	₩0	₩0	₩0	₩0	₩0
자산소득	예금이자	₩30,000							
	인세	₩100,000							
	합계	₩130,000	₩0	₩0	₩0	₩0	₩0	₩0	₩0
총소득		₩2,430,000	₩0	₩0	₩0	₩0	₩0	₩0	₩0

지출		1	2	3	4	5	6	7	8
고정지출	통신비	₩0							
	월세	₩0							
	보험료	₩100,000							
	합계	₩100,000	₩0	₩0	₩0	₩0	₩0	₩0	₩0
변동지출	식비	₩200,000							
	용돈	₩0							
	생활비용	₩0							
	관리비	₩0							
	건강관리비	₩0							
	사회생활비	₩0							
	합계	₩200,000	₩0	₩0	₩0	₩0	₩0	₩0	₩0
생활비 지출 합계		₩300,000	₩0	₩0	₩0	₩0	₩0	₩0	₩0
업무지출	물품구입비	₩100,000							
	교육비	₩0							
	합계	₩100,000	₩0	₩0	₩0	₩0	₩0	₩0	₩0
소원상자	하와이여행	₩100,000							
	아이패드	₩20,000							
	합계	₩120,000	₩0	₩0	₩0	₩0	₩0	₩0	₩0
총지출		₩520,000	₩0	₩0	₩0	₩0	₩0	₩0	₩0

현재의 자산 파악하기

수입과 지출을 작성했으니 이제 내가 현재 어느 정도의 자산을 가지고 있는지 정리해 볼 차례다. 사실 자신이 구체적으로 얼마의 자산을 가지고 있는지 제대로 파악하고 있는 사람은 그다지 많지 않을 것이다. 왜냐하면 보통 자산은 여러 군데에 분산되어 있으며 자산의 가치도 종종 변동되기 때문이다. 하지만 자신이 현재 구체적으로 무슨 자산을 얼마나 가지고 있는지 파악하는 것은 아주 중요하다. 물론 출발 지점을 제대로 파악하기 위해서이기도 하지만 그래야 숨은 돈, 노는 돈이 생기는 것을 방지할 수 있다.

현재 자신이 가지고 있는 모든 자산을 정리해서 적어 보자. 현금, 예금, 청약, 고가의 현물, 부동산, 부채 등등. 나는 이것들을 '대차대조표'라고 하는 표를 이용해서 처음 돈 공부를 하기 시작했을 무렵부터 기록하고 있다.

● 대차대조표

'대차대조표'란 좀 더 알기 쉬운 단어로 쓰자면 재무상태표라고 할 수 있다. 현재 가지고 있는 자산(현금, 예금, 주식, 부동산, 현물 등)과 부채를 전부 구체적 수치로 정리하여 현재의 재무 상태를 한눈에 파악할 수 있도록 도와준다. 보통은 기업에서 사용하지만, 개인의 자산을 파악하기에도 아주 편리하다.

대차대조표의 경우, 가계부처럼 매달 쓸 필요는 없고 자신의 자산 상태를 파악하고 싶을 때 몇 달에 한 번, 또는 1년에 한 번 정도만 써도 충분하다. 참고로 자산에서 부채(부동산 제외)를 뺀 현재 재무 상태가 마이너스라면, 우선은 재무 상태를 플러스로 바꾸는 것이 현재의 최우선 과제라고 할 수 있겠다.

나는 우울하거나 불안해지면 이 대차대조표의 그래프를 보곤 하는데, 우상향하고 있는 그래프를 보고 있으면 마음이 편안해진다. 누군가는 속물이라 생각할 수 있지만, 내게는 가히 힐링이라고 느껴질 정도다. 참고로 계좌 통합관리 애플리케이션을 쓰면 자신이 가진 모든 통장 계좌와 잔액을 한 번에 찾아 볼 수 있기 때문에 대차대조표를 작성할 때 편리하다.

 현금흐름표 & 대차대조표를 다운로드해서 사용할 수 있는 자산관리 구글 스프레드시트입니다.
사진을 찍어 접속한 후 '파일-사본만들기' 기능을 이용해서 사용하세요.

4

구체적인 목표 정하기

그럼 이제 목표한 삶을 위해 필요한, 모아야 하는 구체적인 목표 액인 종잣돈이 얼마인지, 그 목표를 몇 년 내에 이룰 것인지, 매년 어느 정도의 저축을 해야 하는지를 산출해 보도록 하자.

내가 목표로 하는 삶을 위해서 구체적으로 어느 정도의 저축이 필요한지 알 수 있다면 명확한 골인 지점이 생기기 때문에 저축을 어느 정도의 페이스로 할지, 중간중간 내가 어디까지 와 있는지 체크할 수 있어 저축 생활에 큰 도움이 된다.

목표를 제대로 설정하는 방법이 있다는 것을 아는가? 목표를 정하는 방법을 알고, 실행하는 것만으로도 목표 달성 가능성을 훨씬 높일 수 있다.

경제적 에어백

우선 목표를 향해 달려가기 전에 '경제적 에어백'을 준비할 필요가 있다. '경제적 에어백'이란 불가피한 사건으로 인해 큰 경제적 손실이 발생하거나 경제활동을 못하게 되었을 때 그 충격을 완충해 줄 안전장치로, 아직 저축이 없는 사람이라면 첫 번째 목표로 해야 하는 단계다. 주의해야 할 점은 경제적 에어백은 문제가 생겼을 때 바로 꺼낼 수 있는 곳에 두어야 한다는 것이다. 이 돈으로 투자를 하거나, 쉽게 꺼낼 수 없는 곳에 넣어 두거나 하면 안 된다. 입출금이 가능하면서도 이자가 붙는 CMA 통장이나, 긴급출금이 가능한 예적금 통장 정도가 적당하다. 그럼 경제적 에어백은 어느 정도가 적당할까?

갑작스레 수입이 끊기거나 병에 걸려 노동 활동이 어려운 위기 상황에도 꼭 지출해야 할 월 최소생활비(A)를 적어 보고 다시 새로운 일자리를 구할 때까지의 예상 개월 수(B)를 적어 보자(6~12개월 정도가 적절하다). 그리고 이 두 가지를 곱하면(A×B) 경제적 에어백 금액을 구할 수 있다.

월 최소생활비(A) × 다시 새로운 일자리를 구할 때까지의 예상 개월 수(B)

예를 들어 월 최소생활비가 80만 원, 재취업 예상 개월 수가 8개월이라면 경제적 에어백은 640만 원이 되겠다. 이 금액이 현재 본인에게 없다면 이것이 지금의 최우선 경제적 목표다. 이 목표는 빨리 달성할수록 좋으므로 이 금액을 모으는 기간만큼은 치열하게 절약해 모으는 것도 좋다. 특히 수입이 불규칙한 프리랜서라면 이 경제적 에어백이 매우 중요하다. 프리랜서라면 수입이 끊기는 기간을 좀 보수적으로 잡고 금액을 계산하는 편이 좋다. 또한 경제적 에어백 외에도 보장성 보험이나 연금 등으로 여러 겹의 경제적 안전망을 만들어 두는 것도 추천한다.

경제적 자유

1차적으로 경제적 에어백에 도달했다면 그다음은 경제적 자유를 추구할 차례다. '경제적 자유'란 자산소득만으로도 생활이 가능하기 때문에 이론상 더 이상 일할 필요가 없는 상태를 뜻한다. 나는 19년도 초부터 돈 공부를 시작했고 그때 세운 목표는 9년 후인 '2028년 1월 1일까지 1억 1,400만 원을 모으겠다!'였다. 이런 구체적인 날짜와 금액은 어떻게 산출한 것일까?

그러기 전에 일단 '자산소득'이 무엇인지부터 알아보자. '자산소득'이란 자신이 가진 자산에서 최소한의 관리만으로도 얻을 수 있는 소득을 말한다. 소득에도 종류가 있는데, 근로소득과 수동적 소득,

투자소득으로 나뉜다. 여기서 근로소득이란 말 그대로 일을 해서 버는 돈이고, 수동적 소득과 투자소득을 자산소득이라 한다. 수동적 소득은 내가 실제로 일을 하지 않아도 생기는 돈으로 사업소득이나 인세, 저작권료 등이 포함되고, 투자소득은 수동적 소득과 원리는 거의 비슷하나 돈이 나를 위해 일하는 것을 말한다.

우리가 일을 하는 동안에는 근로소득이 생활비를 충당해 줄 것이다. 하지만 문제는 육체적으로 일을 하기 힘들어지는 시기가 누구에게나 찾아온다는 점이다. 나이가 들면 일하기 힘들어지는 시기가 오고, 사고나 병으로 그 시기가 더욱 빨리 찾아올 수도 있다. 그럴 때 소득이 근로소득뿐이라면 저축해 둔 돈을 까먹기만 할 뿐, 자산은 점점 줄어든다. 그리고 만약 그 상태가 예상보다 오래 지속되어 모아 둔 자산이 바닥난다면 파산하거나 빈곤에 시달릴 수도 있다. 그런 상황을 방지하기 위해서 필요한 것이 나 혼자만 일하는 것이 아니라 자산이 함께 일하도록 하는 것이다. 만약 이게 가능해진다면 내가 돈을 벌지 못하는 상황이 오거나 근로소득이 줄어들더라도 훨씬 안정적인 경제 상황을 유지할 수 있다.

그리고 자산소득이 생활비를 충당할 수 있을 정도가 된다면, 더 이상 생존을 위한 노동을 하지 않아도 된다. 스스로의 시간, 자기 인생의 온전한 주인이 되는 것이다. 예를 들어 이러한 은퇴 가능 시기를 30대나 40대 때 이룩할 수 있다면, 다른 사람들과 다르게 하루 24시간, 일주일 168시간을 생계를 위한 노동에 매이지 않고 모든 시간을 온전히 내가 원하는 것을 하며 살 수 있다. 눈앞의 생계에 급급한 것이 아니라 하고 싶은 공부를 할 수도 있고, 여행을 떠날 수도 있고, 더 거대한 성취를 향한 도전을 할 수도 있다. 또한 일을 하더라도 언제든 그만둘 수 있는 여유가 있기 때문에 조건이 좋지 않은 일을 억지로 이어 가지 않아도 된다.

많은 사람들의 장래 희망이 건물주라고 한다. 그 이유는 건물에서 월세 수입이 나오기 때문에 최소한의 관리만으로도 생활비를 얻을 수 있기 때문일 것이다. 경제적 자유란 바로 이 건물주와 같은 생활이라고 할 수 있다. 실제로 부동산으로 임대수익을 얻는 것도 자산소득을 얻는 방법 중 하나이기도 하다. 하지만 경제적 자유를 이룩하는 방법은 건물주가 되는 것만이 아니다. 우리는 주식, 채권, 금, 외화 등등 다양한 곳에서 금융소득을 얻을 수 있고, 자신이 만든 콘텐츠나 사업으로 수동적 소득을 얻을 수도 있다.

그중에서도 금융소득으로 인한 경제적 자유를 목표로 한다면 투자를 공부해야 한다. 투자라는 것에 공포심이나 거부감을 가지는 사람이 있을 수도 있지만 유의미한 금융소득을 위해서는 꼭 필요한 과정이다. 차근차근 공부해 나간다면 투자라는 것 자체가 도전하기 힘들 정도로 어려운 분야가 아니라는 것도 알게 될 것이다.

목표 수익률 정하기

목표액을 산출할 때는 마찬가지로 몇 가지 수치가 필요한데, 그 중에는 금융투자로 인한 목표 수익률을 연 몇 %로 할지도 들어가 있다. 내가 목표액을 계산할 때는 역사적 통계를 기반으로, 비교적 안전한 방식으로 투자할 때에도 지속 가능하게 얻을 수 있는 수준인 연 8%를 목표 수익률로 잡았다. 조금 더 낮은 목표 수익률로도 경제적 자유를 이룩하는 게 아예 불가능하지는 않다. 다만 연 4% 정도의 수익률보다 투자를 공부해 그 두 배인 연 8% 정도의 수익률을 얻을 수 있게 되면 모아야 하는 투자용 종잣돈도 절반으로 줄어들고, 종잣돈을 모으는 기간도 그만큼 짧아진다. 때문에, 금융소득으로 경제적 자유를 빠르게 얻고 싶다면 어느 정도의 투자 공부는 필요하다고 할 수 있다.

내가 연 8%의 수익률을 목표로 했던 이유는 가장 대표적인 재테크 분야인 주식시장과 부동산시장의 과거 연 성장률이 평균적으로 10% 이상이기 때문이다. 주식시장은 언제나 우상향했고, 과거의 데이터를 기반으로 보아 시장 자체(코스피나 다우지수 같은 인덱스지수)에만 투자해도 장기적으로 생각한다면 연 8% 이상의 수익률을 얻을 수 있다. 그래서 나는 목표 수익률을 연 8%로 정했고, 지금까지는 잘 달성해 왔다.

물론 투자에는 어느 정도의 리스크가 따르기 마련이고, 사람마다 감당할 수 있는 리스크는 다르기 때문에 본인이 리스크를 감당할 수 있다고 생각하는 수준의 수익률을 목표로 하도록 하자. 8%가 부담된다면 5%를 목표로 하고 계산해도 좋다. 그리고 시장 평균 이상의 높은 수익률을 목표로 한다면 투자의 난이도가 훌쩍 뛰기 시작하기 때문에 손실을 볼 가능성도 크게 늘어난다는 것을 명심하자.

구체적인 종잣돈 목표액 산출 방법

우리가 금융소득으로 경제적 자유를 이룩하려면 우선 투자용 종잣돈이 필요하다. 투자수익을 안겨 줄 자산군을 구매할 돈 말이다. 종잣돈을 모으는 것과 목표 수익률을 얻을 수 있도록 투자를 공부하는 것, 이 두 가지가 금융소득을 통해 경제적 자유를 목표로 하는 사람이 해결해야 할 장기 과제다.

모아야 할 구체적인 금액을 산출하는 공식에는 몇 가지의 숫자가 필요하다. 이것을 위해 앞에서 인생의 목적지를 미리 정해 둔 것이기도 하다.

A. 목표로 하는 생활수준을 유지하는 데 필요한 월 생활비
미래의 물가상승률도 적당히 감안해서 계산해 준다. 평균적으로 연 2~3%가 상승한다.

B. 생활비 외에 내가 소망하는 생활에 필요한 매월 추가적인 금액

주택 구입비, 여행비, 여가비 등…… 불규칙한 지출은 연 단위로 가늠한 뒤 12개월로 나눠 계산한다. 집이나 자동차 구입 등 큰 비용이 드는 지출은 12개월보다 더 길게 120개월, 30개월 할부 등으로 나눠서 계산한다.

C. 월 수동적 소득 목표액

잘 모르겠더라도 최소 5만 원 이상 넣어 계산해 보자. 수동적 소득을 염두에 두면 자산소득을 얻을 수 있는 분야에 대한 시야가 넓어진다.

D. 목표 수익률

월 지출액(A+B)은 월 목표 자산소득을 뜻하는데, 최소한의 생활 유지비를 목표로 해도 좋고, 인생 목적지로 정했던 일상을 유지하는 데 필요한 금액으로 설정해도 좋다. 나의 경우 생계 노동에서 탈출하는 것이 목표였기 때문에 1차적 자산소득의 목표는 최소한의 생활비로 정했다. 그리고 2차적으로는 인생의 목적지인 '생존을 위해 노동하지 않아도 안정적인 생활을 할 수 있고, 여행과 독서, 창작 등의 취미를 내가 원할 때 즐길 수 있는 삶'을 위해 천천히 돈을 모아

가는 것이 목표였다. A, B, C, D 숫자들이 전부 정해졌다면, 이렇게 계산해 보자.

$$(A + B - C) \times 12 \div D$$

예시로 내가 처음 목표로 삼았던 1억 1,400만 원이 어떻게 나왔는지 계산해 보도록 하자. 당시 나는 월 최소 생활비를 80만 원(A)으로 잡았다. 최소 생활비이기 때문에 추가 비용(B)은 넣지 않았다. 그리고 월 수동적 소득으로 생활비의 5% 정도인 4만 원(C)을 잡았다. 목표 수익률은 8%(D)다. 이것을 사칙연산 순서대로 계산해 보자.

$$A + B - C = 760,000원$$
$$760,000원 \times 12 = 9,120,000원$$
$$9,120,000원 \div 8\% = 114,000,000원$$

이렇게 나온 금액이 1억 1,400만 원이다. 하지만 나는 아직 이 돈을 모으지 못했는데, 경제적 자유는 이미 달성한 상태다. 수동적 소득이 경제적 자유에서 어느 정도의 중요성을 가지고 있는지를 간과한 바람에 생긴 일이다. 수동적 소득의 중요성을 설명하기 위해 2차 목표액을 예시로 다시 한번 계산해 보자. 나의 2차 목표를 위해 필요한 돈은 A = 월 100만 원, B = 80만 원으로, 만약 수동적 소득을 아예 제외한다면 필요한 투자용 종잣돈은 1,800,000원 × 12 ÷ 8% = 2억 7,000만 원이다. 하지만 내가 여기서 월 100만 원의 수동적 소득을 만들어 낸다면 필요한 종잣돈은 1억 2,000만 원이 된다. 즉, 모아야 하는 종잣돈 중 1억 5,000만 원이 줄어드는 것이다. 월 10만 원의 수동적 소득만 만들어도 모아야 하는 저축액이 1,500만 원이 줄어들기 때문에 수동적 소득은 경제적 자유를 달성하는 데 무척 효율적인 수단이다.

현재 나의 자산소득은 수동적 소득이 큰 비중을 차지하고 있다. 수동적 소득을 빼고 금융소득만으로 경제적 자유를 이룩하려고 한다면 쓸 수 있는 유용한 도구 중에 하나를 빠트리는 셈이다. 그래서는 가까운 길을 두고 멀리 돌아가는 일이 될 수 있으니 지금 당장은 어떻게 수동적 소득을 만들어야 할지 감이 오지 않아도 적은 금액이라도 책정해 두길 바란다. 그리고 종잣돈을 모으는 동안 수동적 소득을 만들 방법에 대해서도 계속 관심을 가져 보자.

자, 이제 투자용 종잣돈을 얼마나 모아야 하는지 계산이 끝났는가? 이제 그 금액을 모으면 당신이 목표로 하는 삶의 모습을 노동 없이, 원금을 깎아 먹지 않아도 영위할 수 있게 된다(물론 투자를 병행한다는 조건에서 말이다). 이 투자용 종잣돈은 우리가 써 버리지 않는 한 영원히 투자소득을 낳아 줄 것이다.

그렇다. 써 버리지 않는 한! 이 종잣돈은 원금을 꺼내 지출하면 안 된다는 뜻이다. '쓰지도 않을 돈을 모은다고?'라고 생각할 수도 있지만 '종자'라는 뜻대로 씨앗을 먹어 치우면 농사를 지을 수 없는 것처럼, 원금을 사용해 버린다면 더 이상 투자소득을 얻을 수 없게 된다. 그렇기에 미래에 '지출'할 돈인 거주용 주택 구입비나 자동차 구입비, 결혼이나 자녀 계획 등에 필요한 비용이 있다면 투자용 종잣돈과는 별도로 모아야 한다. 몇 년간 열심히 돈을 모은 후에 그 돈을 다 써 버리고 처음부터 다시 투자용 종잣돈을 모을 게 아니라면 말이다! 분명 열심히 저축했는데 어느새 통장을 보니 다시 처음부터 저축해야 하는 상황을 겪은 사람들이 있을 것이다. 나도 열심히 저축한 돈을 작품 준비기간에 다 써 버리고 처음부터 다시 저축하는 상황을 몇 번 반복한 후에야 쓰지 않을 종잣돈과 지출을 위한 돈을 따로 모아야 한다는 것을 깨달았다. 쓰지 않을 돈과 언젠가 지출하게 될 돈을 따로 모으는 것! 이것이 축적되는 자산을 만들기 위해서 제일 중요한 부분이라고 할 수 있다.

구체적 달성 기간 설정하기

목표를 제대로 세우면 그것만으로도 달성 가능성이 훨씬 높아진다는 말을 앞에서 했었다. 목표를 정한 후 그 목표를 언제까지 달성할 것인지, 정확히 어디부터 실패와 성공을 나눌 것인지 정하지 않는 경우가 꽤 많을 것이다. 하지만 그런 목표로는 진행 도중 흐지부지되는 경우가 많다. 목표를 세울 때 달성 가능성을 높이고 싶다면 아래의 방법들을 적용해 보자.

1. 구체적인 기한을 설정한다.
2. 구체적인 수치를 설정한다.
3. '해 보겠다', '하겠다'가 아닌 '한다' 혹은 '했다' 등의 현재형, 과거형으로 목표를 적는다.
4. 주변에 목표를 선언한다.

위에 것을 전부 적용하여 종잣돈 저축 목표를 정리하면 이렇게 될 것이다. '나는 20○○년 ○○월 ○○일에 n원을 모았다!' 또는 '나는 20○○년 ○○월 ○○일에 연 자산소득 n원을 달성했다!' 이런 식으로 구체적인 날짜를 설정하는 게 '5년 내로 달성하겠다', '2030년도까지 달성하겠다' 하는 두루뭉술한 목표보다 달성 가능성을 훨씬 높여 준다. 달성 기한은 너무 무리하게 잡는 것보다 적당히 노력하면 달성할 수 있을 정도가 좋다. 장거리 마라톤이 될 테니 중간에 지치지 않을 정도로 설정하자.

나는 초기에 목표를 세울 때 1차적 목표인 최소한의 경제적 자유를 9년 내에 이룩하는 것으로 했었다. 1차 목표액이었던 1억 1,400만 원을 9로 나누면 약 1,266만 원 정도다. 대략 1년에 1,266만 원을 투자용으로 저축해야 하는 것이다. 이런 식으로 구체적인 기한을 정하면 1년에 어느 정도 금액을 저축해야 하는지도 산출할 수 있다. 또한 매년 이 금액을 제대로 저축하고 있는지 확인하는 중간 체크포인트로 삼는 것도 좋다.

목표 선언은 가족이나 친구에게 해도 좋고, SNS나 블로그에 해도 좋다. 조금 부끄러울 수도 있지만 주변에 목표를 선언하는 것까지가 이 챕터에서 말하는 '목표 세우기'다.

참고로 나는 돈 공부를 시작한 지 3년 만에 1차 목표인 최소한의 경제적 자유와 2차 목표인 원하는 일상을 위한 경제적 자유 또한 달성했다고 말할 수 있을 정도가 되었다. 나는 2차 목표 달성에 최소 10년 이상이 걸릴 것이라고 생각했는데, 이렇게 빨리 목표를 달성할 수 있었던 것은 구체적인 목표를 세우고 그것을 블로그 연재물에서 선언하기를 실행했다는 점도 큰 관련이 있을 것이다.

┌─ 참고 자료 ─
│ ● 『돈』, 보도 섀퍼
│ ● 『십대들을 위한 인성교과서: 목표』, 줄리 데이비

PART 2

목표를
달성하는 방법

하지만 그중에 간혹 정말 풀기 어렵고 힘들어 보이는 거대 실뭉치들이 있다.

끄악

그런 실뭉치를 마주하면 풀어낼 엄두가 안 나고 도전하는 것이 무섭고 도망치고 싶어진다.

하지만 이런 거대하고 복잡한 실뭉치들도 대부분은 문제해결 전략을 하나씩 차근차근 적용하여 공략하다 보면 풀어낼 수 있는 문제들이다.

그리고 그중에서도
문제를 해결하고
목표에 다다르는 데에
꼭 필요한
가장 중요한 준비물이
하나 있다.

그게 무엇일까?

'용기'

바로 목표를 향해 나아가는 험난한 여정을
시작할 수 있게 해 주는 '용기'다.

시작이 반이라는 말은
이 시작할 '용기'를 낼 수 있다면
반은 이룬거나 마찬가지라는
뜻일 것이다.

그만큼 중요한
준비물이다.

그리고
이 용기 또한
본인이 노력하여
적립하는 게
가능하다.

용기를 적립하는
방법은 무엇일까?

① 지출 관리하기

목표 설정이 끝났으니, 이제 이 목표를 달성하는 방법에 대해 알아보자. 빠른 목표 달성을 위해 월 저축액을 지금보다 더 늘리고 싶다면 사용할 수 있는 방법이 두 가지 있다.

1. 지출을 줄인다.
2. 수입을 늘린다.

그리고 가장 좋은 방법은 당연하게도 이 두 가지를 같이 하는 것이다. 수입을 늘리는 것이 즉각적으로 가능한 사람도 있겠지만 아무래도 약간의 시간이 필요한 경우가 더 많을 것이다. 그래서 우선 누구나 바로 실행할 수 있는 방법인 지출 줄이기에 대해 알아보자.

지금의 나는 나를 정말 즐겁게 하는 취미나 미래를 위한 투자 등에는 큰 비용을 쓰기도 하지만 일상 자체는 최소한의 비용으로 생활하고 있다. 식비는 20~25만 원이고, 월 생활비를 다 합해도 60~80만원 정도, 그 외의 업무비용이나 나를 위한 투자비용, 소원상자 비용 등의 별도로 책정한 비용들을 합해도 월 120만 원 내외다.

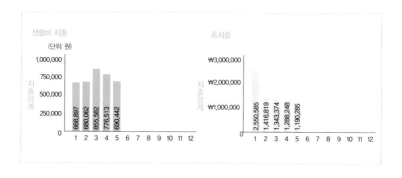

내 생활비 액수를 듣고 어떻게 생활비가 그렇게 적은지, 어떤 식으로 생활하는지 궁금해하는 사람들이 있다. 가장 큰 이유는 수입이 많을 때나 적을 때나 똑같이 생활하기 때문이다. 돈 공부를 하면서부터는 돈이 새는 구멍을 찾아내고 의미 없는 지출을 줄이는 것자체가 즐거워져서 이전보다 생활비가 더 줄어든 부분도 있다.

식사는 가능하면 직접 식재료를 구매해 만들어 먹고, 배달 음식은 특별한 경우가 아니면 거의 시키지 않는다. 의복은 원래 입던 같은 용도의 옷이 망가졌을 때, 괜찮은 질과 디자인을 가진 옷을 한두 장만 고심하여 구매한 후 계절 내내 교복처럼 입는다. 샴푸도 보디워시도 손 씻는 비누도 한 개의 비누로 끝낸다. 스마트폰은 이전 모델을 중고로 구매해서 쓴다(어차피 2~3년 전에는 최신 모델이었다). 대출이자로 인한 고정 지출이 생기는 것이 싫어 사회 초년생 때 입주한 저렴한 전셋집에 7년째 살고 있다.

과거에 비해 자금 상황은 훨씬 좋아졌지만 생활비는 크게 달라지지 않았다. 왜 그렇게까지 아끼며 사냐고 할 수도 있지만 나는 그렇게 아낀 돈으로 여행도 가고 좋아하는 책도 마음껏 사고 작업에 필요한 기기도 구매한다. 아무래도 상관없는 부분에서 돈을 아껴 나를 정말 행복하게 하는 것에 쓴다. 오히려 이런 절약 생활을 즐길 수 있는 이유는 생활비를 줄이는 것이 내가 목표로 하는 삶에 가까워지게 만들어 준다는 사실을 나는 이미 알고 있기 때문이다.

과거에는 비슷한 생활비로 생활을 했음에도 내 생활수준이 남들에 비해 낮다는 생각에 괴로워하곤 했다. 그러면서도 아무 의미 없이 쇼핑몰에 들어가 세일하는 물건이나 많이 팔리고 있는 물건을 구경하다가 혹하는 것들을 충동적으로 구매하는 일이 종종 있었다. 다른 사람들의 소비를 보면서 생긴 자기합리화와 열등감이 나를 부추겼던 것이다. '내가 이렇게 열심히 살고 있는데 이것도 못 사?' 하는 마음이 딱히 필요하지 않은 물건인데도 오기로 물건을 구매하게 만들었다.

하지만 지금은 내가 가고자 하는 목적지를 알고 있기에 내가 돈을 아끼는 것은 그러한 목적지로 가기 위한 노력과 행동이라는 것을 알고 있다. 그래서 남들보다 내가 소박하게 살고 있다는 게 오히려 마음에 든다.

이유를 모른 채 무거운 물건을 들었다 놨다 하거나 숨이 차도록 달리기를 하는 것은 괴롭다. 하지만 나의 건강과 체력을 위한다는 목적과 동기가 생기는 순간 그것은 뿌듯한 노력이 된다. 무엇을 위한 것인지를 명확히 알아야 목표를 이루기 위한 노력을 지속할 수 있다. 앞에서 당신이 정한 목표가 정말 당신에게 간절한 것이라면, 앞으로 절약을 할 때도 이전처럼 힘들기만 하지 않을 것이다.

만약 목표를 위한 노력을 지속하지 못한다면 그 목표는 강한 동기가 될 만큼 정말 간절히 원하는 모습이 아닐 수도 있다. 그럴 때는 자신이 정말로 원하는 삶의 모습이 무엇인지부터 곰곰이 다시 생각해 보면 좋다.

지출의 종류 구분하기(투자 / 소비 / 낭비)

모든 지출이 똑같은 의미를 가지고 있을까? 자격증 취득을 위해 문제집을 산 것과 식단 관리 중에 패스트푸드를 사 먹는 것은 똑같은 지출일까? 똑같이 만 원을 써도 전혀 다른 의미를 가지고, 나의 일상에 전혀 다른 영향을 주는 지출이 있다. 만약 당신이 현재의 지출을 줄이고 싶다면, 자신이 돈을 어떤 종류에 쓰고 있는지 제대로 인식해야 한다.

내가 이것을 인식하기 위해 제일 처음에 시도했던 방법은 내 모든 지출을 투자, 소비, 낭비로 분류하는 방법이었다. 여기서 투자란 재테크를 말하는 것이 아니라 장기적으로 나를 성장시키거나 이후에 내가 더 큰 성취를 할 수 있게 도와주는 지출을 말한다. 운동에 쓰는 비용이라거나 공부에 쓰는 비용 등이 여기에 포함되겠다. 소비는 일상을 유지하는 데 필요한 금액을 뜻한다. 식비나 공과금, 생활용품 구입비 등이 들어간다.

낭비는 사실 정확히 정의하기가 어렵다. 무엇을 낭비로 볼지는 사람마다 다르기 때문이다. 그렇기 때문에 본인이 판단해야 한다. '내가 정말 필요하다고 생각해서 한 지출인가?', '충동적으로 결제하지는 않았나?' 생각하며 분류하자. 예를 들어 건강에 쓰는 비용이라고 해도 꼭 필요하지 않은 물품들을 충동구매로 한 번에 왕창 주문해 놓고 쓰지 않는다면 그건 낭비일 수 있다. 또는 식사 한 끼에 50만 원을 썼다고 해도 그 경험이 본인의 세계를 넓혀 주고 충분히 즐거웠다면 낭비가 아닐 것이다.

나의 경우는 지퍼백을 3개 준비해 놓고 그 위에 매직펜으로 투자, 소비, 낭비를 써 둔 다음, 매일매일 그날의 모든 지출을 작게 자른 메모지에 써서 해당 지퍼백에 분류하는 식으로 실행했었다. 분류만 할 수 있다면 지퍼백이 아니라 작은 상자 같은 걸 사용해도 좋고, 메모지가 아니라 지출 영수증을 그대로 넣어도 좋다.

한 달 정도 본인의 모든 지출을 분류해 보자. 하지만 며칠만 지나도 바로 효과를 볼 수 있을 것이다. 지출을 할 때마다 이 지출이 투자인지 소비인지 낭비인지를 생각해 보게 되기 때문이다. 만약 낭비라고 판단된다면 그 지출을 자제하게 된다. 한 달이 지났다면 각각 분류된 영수증을 보면서 개수가 어느 정도의 비율인지, 각각 어느 정도의 금액을 썼는지 확인해 보자.

낭비를 0%로 만들려고 할 필요는 없다. 인간은 기계가 아니기 때문에 낭비를 전혀 하지 않는 것은 힘들다. 낭비의 적절한 비율은 전체 수입의 5% 이하다. 그보다 높다면 줄이려고 노력하자.

그 외에 다른 소비 습관을 체크할 수 있는 방법이라면 Need / Broken / Better / No Reason으로 분류해 보는 방법도 있다. 소비자는 어떨 때 물건을 살까? 크게 네 가지로 분류할 수 있다. 첫 번째는 그 물건이 필요해서(Need), 두 번째는 망가져서(Broken), 세 번째는 이미 갖고 있지만 더 좋아 보여서(Better), 네 번째는 그냥 이유 없이(No Reason) 사는 것이다. 여기서 세 번째, 네 번째는 필요한 구매 행위가 아닌, 굳이 '필요하지 않은' 소비를 하는 경우인데 당연히 별로 건강한 소비 방식은 아니다. 만약 자신의 소비 방식을 좀 더 엄밀하게 관찰하고 싶다면 자신이 뭔가를 소비할 때 이 네 가지 중 어떤 것에 해당되는지 생각해 보자.

무엇을 사느냐는 단순히 돈을 쓰고 뭔가를 얻기만 하는 행위가 아니다. 소비 기록을 들여다보면 그 사람의 과거와 현재를 알 수 있고, 미래까지도 어렴풋이 보인다. 운동에 돈을 쓰는 사람은 체력이 좋아질 것이고, 책에 돈을 쓰는 사람은 지식을 쌓을 것이다. 달고 기름진 것을 자주 사 먹거나, 술에 많은 돈을 쓰는 사람은 건강이 나빠질 것이다. 가계부를 펴고 내가 근 몇 달간 어디에 돈을 썼는지 살펴보자. 그리고 그 지출이 내가 원하는 삶으로 나를 데려가고 있는지, 아니면 전혀 다른 방향으로 데려가고 있는지 생각해 보자.

같은 돈으로 더 많이 행복해지기

돈을 가장 행복하게 쓰려면 어떻게 써야 할까? 한 연구에 따르면 같은 돈을 써도 더 큰 행복감을 느끼거나 행복감이 더 오래가는 방법이 있다고 한다. 그중 하나는 물질적인 것보다 체험적인 것을 구매하는 것이다. 물질적인 것을 구매해서 얻는 행복은 내가 산 것보다 더 나은 것을 보는 순간 사라진다. 하지만 체험적인 소비는 그 체험을 함께한 사람들과 유대감을 만들어 주고, 물질적인 소비보다 더 오랜 시간 행복감이 유지된다고 한다.

그 외에도 항상 즐기던 것을 한정하여 즐겨 보는 것도 방법이다. 줄곧 해 오던 것이라면 아주 잠깐 멈춰 보기만 해도 그것을 더 신선하게 즐길 수 있다. 그것이 영원하지 않음을 깨달았을 때, 우리는 그것을 더욱 느끼고 즐기려고 하기 때문이다.

몇 년 전부터 미니멀리즘을 실천하고 있다. 물건을 줄이는 대신 체험적이거나 성취적인 부분에 투자를 하면서 삶의 질이 훨씬 높아지고 일상이 쾌적해졌다. 앞에서 말했듯이 나는 과거에 충동구매로 물건을 사거나 남들이 가진 물건을 내가 가지고 있지 않다는 생각에 자격지심을 느끼기도 했는데, 미니멀리즘을 하면서 물질적 소비를 줄이기 시작하니 오히려 그런 부정적인 감정들이 사라졌다.

그리고 무엇이 나에게 필요하고 필요하지 않은지에 대해 생각해보게 되면서 나 스스로에 대해 더 잘 알게 되고 일상 자체가 더 긍정적으로 굴러가기 시작했다는 느낌을 받는다. 미니멀리즘은 가지고 있는 물건만으로 문제를 해결하는 퍼즐게임 같다는 생각이 조금 들고 그런 점이 재미있기도 하다.

예산 짜기

간단하지만 효과는 아주 강력하다. 예산을 짜면 본인이 쓸 수 있는 자금의 한계를 확실하게 알 수 있기 때문에 지출을 관리하는 데에 큰 도움이 된다. 이미 가계부를 작성하고 있다면 예산을 짜기도 수월하다. 나의 경우, 절약 방법을 잘 몰랐을 때는 무작정 참아야 한다는 생각에 무척 힘들었는데, 예산을 짜고 난 후에는 예산 안에서 얼마든지 지출해도 된다는 점 때문에 오히려 마음이 편했다.

〈월 지출액 예산표〉

지출		1月	2月	3月	4月
고정지출	통신비				
	보험금				
	정기후원금				
	합계				
변동지출	식비				
	용돈(꾸밈비, 취미 등)				
	생활비(생필품 등)				
	주거비				
	건강관리비				
	사회생활비				
	합계				
사업지출	작업비				
	교육비				
	합계				

지금보다 지출을 좀 더 줄이고 싶다면 목표 지출액을 정하고 몇 개월에 걸쳐 매달 5% 정도씩 천천히 예산을 줄여 나가는 식으로 예산을 짜면 좋다. 예를 들면 현재 월 지출이 100만 원 정도인데 월 80만 원으로 줄이고 싶다면, 다음 달에는 95만 원, 그다음 달에는

90만 원, 85만 원, 80만 원…… 하는 식으로 조금씩 줄여 보자. 만약 예산을 더 줄이는 게 힘들 것 같은 시기가 온다면 더 이상 줄이지 말고 그 상태에 적응하다가, 다시 줄일 수 있을 여력이 생겼을 때 줄이면 된다.

〈작가의 실제 지출 카테고리와 월 지출액〉

지출		1月	2月	3月	4月	5月
고정지출	통신비	₩32,560	₩32,560	₩36,390	₩38,060	₩38,060
	보험료	₩57,542	₩57,542	₩57,542	₩57,542	₩57,542
	정기후원	₩43,000	₩43,000	₩65,000	₩65,000	₩65,000
	합계	₩133,102	₩133,102	₩158,932	₩160,602	₩160,602
변동지출	식비	₩208,765	₩182,710	₩220,695	₩212,090	₩211,990
	용돈	₩66,290	₩56,000	₩221,000	₩46,500	₩30,000
	생활비용	₩138,190	₩58,890	₩214,925	₩54,100	₩119,910
	주거비	₩74,050	₩154,360	₩16,830	₩80,360	₩35,940
	건강관리비	₩14,500	₩95,000	₩23,200	₩80,081	
	사회생활비	₩34,000			₩142,780	
	세금					₩132,000
	합계	₩535,795	₩546,960	₩696,650	₩615,911	₩529,840
생활비지출합계		₩668,897	₩680,062	₩855,582	₩776,513	₩690,442
투자	자기발전	₩247,000	₩52,400	₩120,544	₩272,300	₩221,900
	피지컬	₩1,418,000		₩193,018		
	환경	₩113,068	₩28,000	₩313,562	₩86,915	₩16,000
	합계	₩1,778,068	₩540,400	₩4,000	₩359,215	₩237,900
사업지출	재료비(카페 포함)	₩21,800	₩109,917	₩24,500	₩7,250	₩123,843
	합계	₩21,800	₩109,917	₩28,500	₩7,250	₩123,843
소원상자	여행	₩70,000	₩189,180	₩70,000	₩100,500	₩103,000
	부산	₩9,720	₩257,260			₩7,000
	섬	₩2,100		₩75,730	₩44,770	₩28,100
	멋진가구					₩120,000
	합계	₩81,820	₩446,440	₩145,730	₩145,270	₩258,100
총지출		₩2,550,585	₩1,816,819	₩1,343,374	₩1,288,248	₩1,448,385

지출 관리가 어느 정도 되고 있는 상황이라면 월 지출액 예산만으로도 충분하다. 하지만 본인이 적절하다고 생각하는 금액보다 지출

이 꽤 커서 큰 폭으로 줄여야 하는 상황이라면 초기에는 지출 카테고리별로 월 예산을 짜면 좋다. 나는 식비 / 투자 / 사업지출 / 용돈 / 생활비 / 주거비 / 건강관리비 / 소원 / 사회생활비 / 통신비 / 정기후원 / 보험의 12개 카테고리를 사용한다. 좀 더 세분화해서 관리하고 싶은 부분은 하위 카테고리를 만들어서 관리했다. 지출 카테고리의 수는 가급적 13개가 넘지 않도록 하자. 카테고리의 수가 너무 많으면 가계부를 쓰기도 힘들고 지출 관리를 할 때도 번거로우니 비슷한 카테고리끼리는 묶고 구분이 필요한 최소한의 카테고리만 남기는 게 좋다.

〈실행하면 효과적인 지출 카테고리 산출 그래프〉

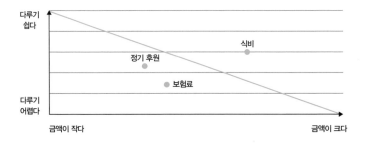

어떤 카테고리를 줄여야 할지 모르겠다면 다음의 '효과적으로 지출을 줄일 수 있는 카테고리 그래프'를 활용해 보자. 가로축은 카테고리의 현재 지출액이고, 세로축은 현재 해당 카테고리의 지출을 얼마나 줄일 여력이 있는지를 뜻한다(지출을 줄일 여력이 없을수록 0에 가깝

게, 클수록 5에 가깝게 넣는다).

이 그래프에 카테고리를 표시하면, 어떤 카테고리의 지출을 줄였을 때 가장 효과적일지 파악할 수 있다. 오른쪽 상단에 가까운 카테고리일수록 효과적이므로 어떤 곳에서 예산을 줄일지 고민될 때 참고하면 좋다.

고정 지출 줄이기

고정 지출은 매달 고정적으로 나가는 비용으로, 한 번 줄이면 매달 절약하려고 노력하지 않아도 지속되기 때문에 변동 지출을 줄이는 것보다 효과적이다. 대표적으로 월세나 통신비, 월정액 구독 서비스 등이 있다. 월세는 바로 당장 줄이기는 힘들겠지만 절약할 의사가 강력하다면 월세가 조금 더 싼 곳으로 이사를 가거나, 전세대출을 받아 보통의 월세보다 저렴한 전세대출 이자로 주거비용을 해결하는 등의 방법을 찾아볼 수 있다.

나의 경우 스마트폰 통신비는 알뜰요금제를 사용해서 이전에 비해 1/3 정도로 줄였고, 월정액 구독 서비스도 관성적으로 유지하는 것은 피하고 있다. 이러한 노력으로 월 고정비를 8만 4,000원 줄일 경우, 1년이면 100만 원, 10년이면 1,000만 원에 가까운 돈을 절약하게 되는 셈이다. 또한 경제적 자유를 이룩한 후를 생각한다면, 평소의 월 지출이 8만 4,000원 적어질 경우, 모아야 할 종잣돈은 1,260만 원이 적어진다. 내 경우에는 1차 목표를 위해 돈을 모으는 기간이 1년 정도 줄어든다고 할 수 있다. 반대로 고정비가 월 8만 4,000원 늘어난다면, 모아야 하는 돈은 1,260만 원이 늘어난다. 이런 식으로 고정 지출에 대해 생각하게 된다면 고정비 1만 원의 무시무시함을 깨닫게 된다.

신용카드 사용 줄이기

만약 빚이 있는 사람이라면 신용카드를 사용하지 않는 쪽이 좋다. 빚이 없는 사람이라도 할부를 자주 사용하거나 다음 달의 카드값을 갚는 게 힘든 사람이라면 평소 지출을 할 때 신용카드가 아닌 체크카드나 현금을 사용하는 것을 추천한다. 우리의 뇌는 카드를 돈으로 인식하지 않아 더 쉽게 결제하게 만들기 때문이다.

나의 경우는 신용 점수 관리를 위해 한 달에 30만 원의 실적을 채워야 혜택을 받을 수 있는 신용카드를 딱 한 장 쓰고 있다. 신용카드는 혜택을 받는 데 필요할 정도로만 사용하기 때문에 딱히 없어도 상관없고 카드값을 갚을 때도 부담이 없다. 오히려 신용카드를 사용하면 돈이 나중에 나가기 때문에 계좌에 남겨 둘 돈을 계산하기도 복잡하고, 결제할 때와 카드값이 나갈 때 돈이 두 번 나가는 것 같아

심리적 불쾌감이 느껴지기도 한다. 그래서 가능하면 신용카드는 쓰지 않는다.

신용카드의 할부 기능도 사용하지 않은 지 몇 년은 되었다. 지불이 한 번에 끝나지 않는다는 것이 불쾌하기도 하고, 예전에 일시불로 살 수 없는 물건은 그 사람의 경제 상황에서 사면 안 되는 물건이라는 글을 본 적이 있는데 나도 그 이야기에 동의했기 때문에 정말로 할부가 필요한 상황이 아니라면 쓰지 않게 되었다.

보통 할부라고 하면 미리 결제하고 나눠서 갚는 것을 뜻하지만 나는 돈을 먼저 모아 두고 결제하는 '선할부 형식'을 선호한다. 아래에서 내가 사용하는 선할부 방식을 소개하겠다.

소원상자 만들기

목표를 위해 저축하는 동안에는 큰 지출을 하기가 힘들어진다. 해외여행을 가고 싶다고 한 번에 약 100만 원이 넘는 큰돈을 지출하는 것은 아무래도 심리적으로도 경제적으로도 부담이 되기 마련이다. 하지만 그런 지출이 인생의 행복과 크게 연결되어 있다면 돈을 모으기 위해 마냥 참기만 하는 것은 삶의 질을 떨어뜨릴 수 있다. 우리가 돈을 모으는 이유는 삶의 행복을 위해서다. 미래뿐만이 아니라 현재 또한 똑같은 삶인데 미래를 위해 현재의 즐거움을 희생하기만 하는 것은 뭔가 이상하다. 어쩌면 좋아하는 일을 잔뜩 즐길 수 있는 그런 미래는 영영 오지 않을 수도 있다. 이런 식으로 마냥 참기만 하며 저축하는 것은 금방 지쳐 버리기 마련이고 오히려 엉뚱한 곳에 돈을 조금씩 자주 낭비하는 쪽으로 변질될 수도 있다. 일시적 스트레스 해소를 위한 충동적 소비는 당신을 그다지 행복하게 만들어 주지도 않는다.

그러니 돈을 모으면서 나를 정말 행복하게 만들어 줄 돈도 따로 저축해 보자. 이럴 때 도움이 되는 것이 '소원상자' 시스템이다. 소원상자는 보도 섀퍼의 『열두 살에 부자가 된 키라』라는, 내가 좋아하는 책에 나오는 개념이다. (나는 이 책을 나의 금융 마인드 바이블로 삼고 있다.)

'소원상자'는 일종의 선할부 개념으로, 내가 이루고 싶은 소원마다 상자를 만들고 매달 수입의 일부를 상자에 저축하여 필요한 금액이 다 모였을 때 사용하는 시스템이다. 대부분의 금융 서적에서는 인생의 큰 사건(결혼, 집, 차, 여행 등)에 쓸 돈과 투자용 종잣돈을 따로 모아야 한다는 얘기를 거의 해 주지 않는다. 그러나 이 시스템은 생각보다 훨씬 중요하다. 이 두 가지를 따로 모으지 않으면 인생의 큰 사건이 있을 때마다 종잣돈이 솜사탕처럼 녹아 사라질 테니 말이다. 소원상자의 장점을 몇 가지 꼽아 보겠다.

1. 이따금씩 큰 소비를 하지만 매달 지출은 규칙적이라 지출을 평가하거나 계획을 짜기 수월하다.

2. 매달 작은 지출을 할 뿐인데 평소엔 엄두도 못 내던 큰 금액이 필요한 소비도 할 수 있다.

3. 돈을 모으는 동안 이 지출이 정말 필요한 것인지 계속 생각할 수 있다.

4. 목표액을 달성했을 때 죄책감이 아닌 달성감을 느끼며 지출할 수 있다.

5. 종잣돈은 그대로인 채로 하고 싶은 일을 할 수 있다.

이건 전부 내가 실제로 느끼고 있는 장점들이다. 나는 소원상자를 여러 개 만들어 거기에 돈을 분배해서 넣고 있는데, 현재는 여행비용과 조금 멋진 가구 구입비, 스마트폰 구입비(나는 휴대폰 대리점의 약정시스템을 사용하지 않고 바꿀 시기마다 중고 스마트폰을 일시불로 구매한다) 소원상자를 만들어 모으고 있다. 실제로 종이 상자를 만들어 현금을 저축하는 방법도 있지만 나는 이자도 붙게 할 겸 은행의 자유적금을 목적별로 개설해 소원상자로 사용하고 있다. 할부를 하는데 이자를 내는 게 아니라 이자를 받게 되는 셈이다.

매달 소원상자 적금에 자동이체를 걸어 두고 몇 달이나 몇 년 후 목표액이 모이면 그 돈으로 하고 싶었던 소비를 하면 된다! 소원상자로 스마트폰도 몇 번 바꿨고, 게임기를 사기도 하고, 미슐랭 3스타 식당에서 식사를 하기도 하고, 여행도 몇 번 다녀왔다. 소원상자를 만들지 않았다면 아마 실행하지 못했을 뻔한 것들도 있다. 매달 소액을 저축할 뿐이지만 엄두가 안 나던 소원들을 달성할 수 있다. 몇 개월, 몇 년이 긴 시간이라고 생각할 수도 있지만 생각보다 시간은

〈작가의 실제 소원상자 계좌〉

정말로 금방 간다. 성실하게 소원상자에 돈을 넣는다면 먼 미래라고
생각했던 소원들이 어느새 눈앞에 와 있을 것이다.

참고 자료

- 〈자본주의〉, EBS 다큐프라임
- 『당신이 지갑을 열기 전에 알아야 할 것들』,
  엘리자베스 던, 마이클 노튼
- 『90일 완성 돈 버는 평생 습관』,
  요코야마 미쓰아키

2

수입 늘리기

돈 공부를 시작하기 약 6개월 전, 다음 작품 연재까지는 아직도 갈 길이 깜깜하던 때 나는 돈이 뚝 떨어졌다. 분명 1,500만 원이나 모아 두었는데도 준비기간이 길어지면서 생활비로 전부 사라져 버린 것이다. 만화는 연재를 시작하지 않으면 돈이 들어오지 않는데 당시에 연재를 시작하려면 아무리 빠르게 준비한다고 해도 몇 달은 필요했다.

당시 통장 잔고는 30만 원 정도였고 그때부턴 정말 무슨 일이든 해야 했다. 나는 그때 족저근막염이 있어 오랜 시간 서 있을 수가 없었는데 대부분의 아르바이트는 서서 하는 일들 위주였기 때문에 적당한 아르바이트를 찾기도 힘들었다.

그러던 어느 날 친구들에게는 혹시나 좋은 생각이 있을까 싶어 "서 있지 않아도 할 수 있으면서 따로 작업시간도 확보할 수 있도록 시간 대비 비교적 수입이 괜찮은 알바가 혹시 있을까?" 하고 물어봤고 친구들은 과외를 해 보면 어떠냐고 제안했다. 그 후로 웹툰 수업을 하면서 생활이 안정됐고 그제야 나를 고생시켰던 돈에 대해 공부할 수 있는 여유가 생겼다.

여기서 하고 싶은 말은 과거의 나는 누가 나에게 일을 주지 않으면 돈을 벌 수 없는 사람이었다는 것이다. 만화가는 불안정한 직업이고 그래서 항상 미래에 대한 걱정이 많았다. 하지만 지금의 나는 아무도 나에게 일을 주지 않아도 걱정하지 않는다. 미래도 별로 불안하지 않다. 나 스스로 일을 찾고 만들 수 있다는 자신감이 생겼기 때문이다.

사실 4년 전 알바 사이트를 방황하던 나와 지금의 나는 능력 면에서는 큰 차이가 없다고 할 수 있다. 그럼 무엇이 달라졌을까? 바로 기회를 찾아내는 시야와 실천력이다. 이번 챕터에서는 다양한 기회를 포착할 수 있도록 시야를 확장하는 법에 대해서 이야기해 보려고 한다.

로직트리

지금 당장 수입을 늘리는 방법에는 무엇이 있을까? 나는 문제를 해결하고 싶을 때 '로직트리'를 종종 이용한다. '로직트리'란 '논리의 나무'라는 뜻으로, 어떤 주제나 문제를 나뭇가지 형태로 세분화해서 정리하는 도구다. 아주 다양한 곳에서 활용할 수 있는데 이번에는 저축액을 늘리는 방법을 찾는 데 활용해 보자.

먼저 중심 주제부터 하위 주제로, 그리고 구체적인 해결 방안 순서로 내려가면서 작성한다. 로직트리를 쓸 때 해결 방안은 많으면 많을수록 좋다. 내가 하고 싶냐 아니냐, 효율적이냐 아니냐 보다는 우선 시도가 가능하냐 아니냐를 기준으로 브레인스토밍하듯 아이디

〈로직트리 예시〉

어를 최대한 많이 떠올려 보자.

근로소득보다는 자산소득을 늘리는 방법이 장기적으로는 더 좋지만 당장은 잘 떠오르지 않을 것이다. 근로소득을 늘리는 방법이 주로 떠오르더라도 괜찮다. 중요한 것은 기회를 포착할 수 있는 시야와 실행력이다. '더 효과적으로 소득을 늘리는 방법에는 무엇이 있을까?' 하는 생각을 머릿속 한구석에 항상 가지고 있는 것과 그렇게 발견한 방법들 중 할 수 있는 것들을 실제로 시도해 보는 것만으로도 많은 것이 변한다.

3년 전쯤 처음 로직트리를 알고 사용했던 때 '노동 수입을 늘린다'라는 주제에는 '외주를 늘린다', '과외 수입을 늘린다', '작품 수입을 늘린다'라는 세 가지 방법을 떠올렸다. '외주를 늘린다'라는 해결 방안은 '외주 사이트에 포트폴리오를 업로드하고 홍보하기'가 나왔고 실제로 그 방법으로 꽤 큰 금액의 외주 의뢰를 받을 수 있었다. '과외 수입을 늘린다'의 해결 방안으로는 '과외 횟수를 늘린다', '과외 1회 최대 수강생 수를 늘린다', '과외료를 올린다', '수강생이 꽉 차도록 홍보를 열심히 한다'가 나왔다. 여기서 '과외 횟수를 늘린다' 외에는 나의 근로시간을 크게 늘리지 않아도 수입을 늘릴 수 있는 방법이었고, 어떻게 보면 당연한 방법인데도 로직트리를 하기 전에는 전혀 깨닫지 못했다.

한 번에 두 명과 하던 수업을 천천히 아홉 명으로 늘렸고, 다양한 SNS와 관련 커뮤니티에 수업 홍보를 자주 하거나, 수업료도 조금 올렸다. 전보다 수입이 몇 배 가까이 늘었다. 근로시간을 늘리지 않았는데도 말이다! 그리고 홍보를 할 때 예전에 외주를 받을 때 이용했던 사이트도 이용했다. 이건 내가 '외주 사이트에 포트폴리오를 올린다'라는 행동을 해 보지 않았다면 미처 거기까지 생각하지 못했을 것이다.

또 '작품 수입을 늘린다'의 해결 방안 중에는 이미 그려 놓은 구작을 유료콘텐츠 판매 사이트에 업로드하는 방법이 있었다. 포스타입이나 딜리헙 등 만화를 유료로 판매할 수 있는 사이트에 옛날에 그려 둔 단편과 습작을 올렸고 이 경험으로 이 책의 전신이 된 금융 에세이 『자산소득으로 생활하기 프로젝트』를 유료 연재해 봐야겠다는 발상을 할 수 있었다.

이런 식으로 자신이 아직 경험하지 않은 루트를 한 번 뚫어 보는 것은 아주 중요하다. 말이 쉽지 아직 한 번도 이용해 보지 않은 외주 사이트를 찾아보고, 가입하고, 포폴을 만들고, 글을 올리는 것은 아주 번거롭고 용기가 필요한 일이다.

하지만 나는 했고, 그래서 그 경험으로 이후에 외주 사이트의 레슨 카테고리에도 내 수업을 홍보하겠다는 생각을 할 수 있었고, 이후에 VOD로 수업을 만들 때 같은 사이트를 이용해 영상 편집자도 구할 수 있었다. 만약 내가 '외주를 구하면 수입이 늘겠지……'라는 생각만 하고 번거로워 실행하지 않았다면 이후에 내가 시도할 수 있는 선택지들은 여기까지 닿지 않았을 것이다. 마찬가지로 예전 작품들을 업로드가 귀찮다는 이유로 내 하드 구석에 박아 놓고 있었다면 유료로 금융 에세이를 판매하겠다는 생각도 하지 못했을 것이다.

일의 확장성

이런 식으로 새로운 일에 도전했을 때 게임에서 특정 조건을 달성하면 막혀 있던 루트가 해금되듯이 이전에 없던 새로운 선택지가 열리는 경우가 있는데, 이것을 나는 '일의 확장성'이라고 한다.

일을 선택할 때 지금 당장 수입의 크기보다 가능하면 확장성이 높은 일을 위주로 선택해 보자. 내가 이 책을 쓰기로 한 것처럼 말이다. 사실 책의 계약금이란 책을 쓰는 데 드는 지식의 밀도와 전문성, 그리고 기간에 비해 절대로 크다고 할 수 없는 수준이다. 이 책을 계약하기 얼마 전에 나는 어떤 웹툰의 그림작가 제안을 받았는데, 고료와 작품의 분량, 원작의 인지도, 요구받은 스타일 전부 조건이 괜찮았다. 그럼에도 불구하고 거절했다. 왜냐하면 나는 이미 웹툰을 경험했고, 이 작품이 정말 대박을 치지 않는 이상 어느 정도의 확장성을 가질지 예상할 수 있었기 때문이다. 거기다 현재 업계의 평균적인 노동강도로는 작품을 그리는 동안 내가 하고 싶었던 다른 일들을 전혀 할 수 없을 것이 뻔했다.

확장성이 크지 않은 일 하나에만 장기간 매여 있는 것은 피하고 싶었다. 정식 출간 제안이 왔을 때 이 일의 확장성은 굉장히 클 것이라고 예상했다. 그래서 지금 당장의 수입은 아주 적고 책을 쓰는 동안 좀 더 큰 수입을 얻을 수 있는 일을 하지 못하더라도 책을 쓰기로 했다.

'80 대 20의 법칙'이라는 것이 있다. 똑같은 20이라도, 0에서 20까지 가는 것은 쉽지만 80에서 100까지 가는 것은 매우 어렵기 때문에 0에서 20으로 가는 쪽의 효율이 더 높다는 이론이다. 그리고 뭔가에 대한 이해도가 20% 이상 되었을 때부터 이후의 상황을 예측하여 효율을 더 높일 수 있기 때문에 한 가지 일에서 100까지 파고들려고 하는 것보다는 다양한 분야의 이해도를 20 정도씩 높여 두는 쪽이 도전할 수 있는 분야가 넓어진다.

특정 분야에 대한 이해도를 높이는 방법에는 간접경험(책, 미디어 등)과 실제로 경험해 보는 방법이 있는데, 책을 이용하면 큰 시간과 노력을 들이지 않아도 특정 분야의 전문가가 이해하기 쉽도록 엑기스만 뽑아 정리해 둔 것을 몇 시간만에 간접적으로나마 경험해 볼 수 있기 때문에 해당 분야에 대한 이해도를 손쉽게 높일 수 있어 가성비가 아주 좋다. 특히 20까지 높이는 데에는 군이 깊게 파고들 필요가 없으므로 책을 통해 다양한 분야의 이야기를 넓고 얕게 알아 둔다면 다양한 기회를 포착하는 데 도움이 될 것이다. 그보다 좀 더 생생하고 깊게 해당 분야를 이해하고 싶다면 백문이불여일견이라, 좀 어설프더라도 일단 뛰어들어 직접 경험해 보는 것도 아주 좋은 방법이다.

나는 만화 쪽 업계에 대한 이해도가 꽤 높기 때문에 이쪽에서 내가 진행할 수 있는 일들에 대한 예측이 가능하지만 코딩 업계에 대해서는 전혀 알지 못한다. 하지만 내가 기본적인 코딩을 배워서 아주 간단한 프로그램이라도 한 번 만들어 본다면 이후에 나는 코딩을 이용한 일을 선택지에 넣을 수 있을 것이다. 다른 사람과 협업을 하는 등 내가 해당 일의 실무를 직접 진행하지 않더라도 대략적으로라도 일을 예측할 수 있다는 것이 중요하다. 아예 모르는 분야는 도전할 엄두 자체를 내기가 힘들다.

효과적인 수입 증가 전략

로직트리로 여러 개의 해결 방안이 나왔을 때, 어떤 것을 우선적으로 실행해야 할지 판단하기 어려울 수도 있다. 그러니 이번엔 어떤 일을 우선적으로 실행하면 효율적일지 구분할 수 있는 그래프를 써 보도록 하자.

효율적인 일이란 어떤 일일까? 물론 사람에 따라 가치를 두는 기준이 다르겠지만 나는 주로 세 가지를 기준으로 둔다.

1. 수입: 당연히 다른 조건이 비슷하다면 더 큰 수입을 얻을 수 있는 일을 하는 것이 좋다.
2. 확장성: 확장성이 적은 일보단 큰 일을 선호하자.
3. 리스크: 다른 조건이 비슷하다면 리스크가 낮은 쪽을 우선하는 것이 좋다. 다만 간단한 일들이라면 굳이 우선순위를 정할 필요 없이 전부 시도해 보자.

일의 리스크

'리스크'란 기회비용이라고 생각하면 된다. 여기에는 시간과 노력, 금전적 비용 등이 포함된다. 적성에 맞지 않는 일이라면 더 많은 노력이 필요하고 더 많은 스트레스를 받기 때문에 이것 또한 높은 리스크다. 우리는 어떤 도전에 당연히 실패할 수 있고, 그 도전에 큰 비용이 들수록 힘들 것이다. 성공하더라도 큰 비용 대비 낮은 수익을 얻는다면 그다지 성공적인 일이라고 할 수 없다. 그래서 나는 가능하면 리스크가 적은 일을 선호한다.

책을 쓰는 것은 리스크가 낮은 일이다. 몇 달 정도의 시간과 노력을 들여야 하지만, 큰 비용이 들지도 않고 성공한다면 자랑할 만한 커리어와 큰 확장성으로 더 넓은 세계로 나아갈 수 있도록 도와주는 일이다. 그리고 만약 책이 실패하더라도 나에겐 '정식 출간 경험'이라는 귀중한 재산이 남으니 집필할 시간적, 금전적 여유만 있다면 말 그대로 밑져야 본전인 것이다.

하지만 만약 사업소득을 위해 카페를 내려고 한다면 어떨까? 우선 카페를 내기 위해 부동산 계약과 개장을 위한 인테리어와 물품 구입비, 그리고 운영비 등으로 큰돈이 들 것이다. 그리고 실패한다면 큰돈과 시간, 노력 전부를 잃을 것이다. 물론 이때도 경험은 얻겠지만 경험만 얻기엔 지불해야 할 비용이 너무 크다.

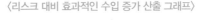
〈리스크 대비 효과적인 수입 증가 산출 그래프〉

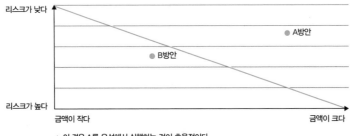

만약 자신이 해당 분야의 전문가라서 일의 실패 가능성이 낮다고 확신할 수 있다면 리스크가 높더라도 도전해 볼 수 있겠지만, 성공을 확신할 수 있는 분야가 아니라면 예상 수입이나 확장성이 비슷한 경우일 때 당연히 리스크가 낮은 일을 우선하는 것이 좋다. 특히나

실물 부동산이나 설비가 필요한 일이라면 비교적 리스크가 큰 편이다. 최근에는 실제 사무실이나 업장이 없더라도 인터넷상으로도 도전할 수 있는 분야가 많기 때문에 자산이 크게 여유 있지 않다면 이런 분야를 눈여겨보는 것도 좋다.

그럼 위의 요소들을 참고하여 그래프를 작성해 보자. 로직트리에서 수입을 늘리기 위한 해결 방안으로 나온 것들을 위의 그래프에 넣을 것이다. 리스크가 적고 얻을 수 있는 예상 수익이 클수록 오른쪽 상단에 위치하게 된다.

그렇다고 반드시 가장 오른쪽 상단에 있는 것부터 순서대로 시도할 필요는 없고 앞으로 무엇을 시도할지를 정할 때 참고하면 된다. 어떤 방법이 효율적인지 모를 때 표를 통해 우선순위를 시각적으로 파악할 수 있어 좀 더 수월할 것이다. 특히나 이 방법은 효율이 낮은 방안을 걸러 낼 수 있다는 점에서 큰 도움이 된다.

그리고 어느 방안의 확장성이 높은지도 고려해 보면 장기적인 성장까지 꾀할 수 있을 것이다. 다만 시도하는 리스크가 거의 없는 아주 간단한 방안의 경우는 우선순위와는 상관없이 전부 시도해 보는 걸 추천한다.

'파이프라인'이란?

옛날 이탈리아의 어느 마을에 부자가 되고 싶은 파블로와 브루노가 살았다. 두 사람은 마을의 물탱크에 물을 길어 나르는 일을 하게 되었는데 물 1통당 보수를 받았다. 일을 구해 기뻐하던 브루노는 강에서 물을 길어 날랐지만 파블로는 매일매일 이렇게 물을 나르는 건 너무 고생스럽다고 느꼈다. 파블로는 '어떻게 하면 강에 있는 물을 마을까지 쉽게 옮길 수 있을까?'를 고민하다가 강에서 마을까지 파이프라인을 만들어 물을 옮기면 이렇게 매일 물을 길어 나르지 않아도 된다는 깨달음을 얻는다. 파블로는 브루노에게도 같이 배관을 놓을 것을 권하지만 브루노는 이를 거절하고 계속 물통을 나른다. 브루노는 매일 파블로보다 더 많은 물통을 날라 더 많은 보수를 받고 멋진 옷과 비싼 음식을 사 먹으며 즐겁게 지낸다. 파블로는 배관을 만드는 동안 물을 나르지 못해 수입이 줄었지만 계속 파이프라인의 배관을 만든다. 파이프라인은 시간이 지날수록 이동 거리가 줄어들어 점점 물을 옮기기가 수월해졌고, 시간이 지나 마침내 파블로는 파이프라인을 완성한다. 브루노는 물통을 옮기느라 점점 몸이 상해 갔지만 파블로는 그가 밥을 먹고 잠을 자고 쉬는 동안에도 계속 물을 옮길 수 있게 되어 일을 하지 않아도 더 많은 돈을 벌 수 있게 되었다. 이 동화가 자는 동안에도 소득이 자동으로 발생하는 구조인 '파이프라인'의 유래다.

'2028년 12월 31일까지 1억 1,400만 원을 모으겠다!'

이게 내가 금융 에세이 연재를 시작할 때 처음 내걸었던 목표다. 하지만 나는 아직 1억을 모으지 못했다. 그렇지만 경제적 자유는 달성했다. 이게 무슨 소리일까?

사람들에게 '수입을 늘리는 것을 목표로 한다면 어떤 행동을 해야 할까?' 하고 질문하면, 사람들은 아마 더 많은 일을 하거나 더 좋은 보수를 받을 수 있는 일을 떠올릴 것이다. 하지만 후자라면 모를까 근로소득을 늘리기 위해 일을 더 많이 하는 것은 경제적 자유를 지향하는 사람의 행동으로는 그다지 걸맞지 않다.

일을 늘리는 것은 특히나 프리랜서들이 많이 빠지는 함정인데, 일이 아예 없는 상태가 아니라면 일을 더 많이 하려는 것이 아니라 가능하면 일을 적게 하는 방향으로 나아가야 한다. 똑같은 일을 해도 더 빠르게, 더 효율적인 결과를 낼 수 있는 길을 선택해야 한다는 뜻이다. 예를 들면 내가 노동시간을 늘리지 않고도 최대 수강생 수를 늘리거나, 수업료를 올리거나, 홍보로 수강생을 꽉 채우는 식으로 더 많은 수입을 얻었던 것처럼 말이다.

당신이 꿈꾸는 이상적인 삶의 모습에서 당신은 일주일에 몇 시간이나 일을 하고 있는가? 만약 지금 당신이 그보다 더 오랜 시간 일하고 있다면 어떻게 해야 노동시간을 줄일 수 있을지 고민해 보자. 적은 시간을 일하고 고소득의 근로소득을 얻을 수 있는 직종은 그다지 많지 않기 때문에, 좀 더 여유 있는 삶을 살고 싶다면 대다수는 자산소득을 늘리는 쪽으로 가는 것이 좋을 것이다.

돈 공부를 시작한 이후부터 나는 가능하면 일을 고를 때 당장의 소득은 적더라도 지속적으로 인세, 로열티가 나오는 수동적 소득을 얻을 수 있는 일들 위주로 선택하고 있다.

근로소득으로 생긴 수입을 투자해서 투자소득을 만드는 것도 나쁘지 않지만, 당연히 이때도 투자소득과 수동적 소득을 동시에 늘려나가는 것이 더 효율적이다. 또한 경제적 자유를 빠르게 달성하고 싶다면 투자소득보다도 수동적 소득을 늘리는 것을 목표로 하는 쪽이 더 빠르게 목표 달성이 가능할 수도 있다. 지속적이고 안정적인 투자로 경제적 자유를 이룩하기 위해서는 최소 억 단위의 돈이 필요한데, 근로소득으로 이런 종잣돈을 모으려면 몇 년 이상이 걸린다. 하지만 생활비 수준의 월 수동적 소득을 얻는 것은, 기회를 포착하는 시야와 실천력을 가진 사람이라면 의외로 금방 달성할 수 있을지도 모른다.

안정성이 높은 금융투자 상품의 대부분은 거시경제의 흐름에 큰 영향을 받는 경우가 많기 때문에 투자소득도 경제 상황에 크게 좌우되는데, 수동적 소득의 경우(전혀 영향을 받지 않는다고 할 수는 없지만) 그보다는 좀 더 개별적인 성과에 따라 수익이 결정되기 때문에 경제 상황이 좋지 않더라도 지속적으로 수입을 얻을 수 있다는 장점이 있다. 그리고 단순히 경제 흐름에 올라타 수익을 내는 금융투자와는 다르게 수동적 소득의 경우 사회에 서비스나 콘텐츠 등을 제공하고 수익을 얻는다는 점에서 사회에 기여하면서 경제적 자유를 얻을 수 있는 방법이라고 느껴지기도 한다.

수동적 소득 늘리기 프로젝트

나는 지금까지 수동적 소득을 늘리기 위해서 여러 가지 일들에 도전했는데 초기 도전했던 일에는 앞에서 언급했던 '구작 유료 판매'와 '금융 에세이 유료 연재'가 있다. 금융 에세이는 사실 소득 활동이라기보다는 취미에 가까운 활동이었는데 자기 계발 구독 서비스인 '퍼블리'에서 금융 에세이를 보고 연락을 주어서 금융 아티클을 쓰게 되었다. 사실 퍼블리의 아티클은 그 자체로 약속된 수입이 크다고는 할 수 없었지만 나는 구독 서비스에 글을 발행해 본 적이 없었기 때문에 이 일을 경험하고 싶었고, 수익배분 계약이었기 때문에 장기적으로 인세를 받을 수 있어 하기로 결정했다. 그리고 해당 아티클을 본 출판사에서 연락을 주어 이 책을 쓰게 되었다. 만약 처음에 '구작 유료 판매'를 하지 않았다면 내 커리어 선택지에 '금융 서적 정식 출간' 같은 건 없었을지도 모른다.

이외에도 펀딩 사이트인 텀블벅을 통해 현재 이 책의 전신인 『자산소득으로 생활하기 프로젝트』 단행본을 만들기도 했다. 이때 나는 만화책을 제외하고 독립출판은 처음이었고 텀블벅을 이용하는 것도 처음이었다. 이미 초고가 있으니 책으로 인쇄만 하면 된다는 생각에 쉬울 것이라고 예상했는데 오산이었다. 하지만 인디자인을 써 본 것, 텀블벅에 펀딩을 론칭하고 진행하는 것, 글 원고를 퇴고하는 것, 대량 인쇄를 하고 책을 대량으로 배송하는 것 전부가 처음 해 보는 경험이었고 힘들었지만 덕분에 많은 것을 경험할 수 있었다. 책은 만들어 두면 두고두고 팔면서 적은 금액이더라도 지속적으로 수입을 얻을 수 있기 때문에 이것 또한 수동적 소득을 염두에 두고 진행한 프로젝트였다.

또, 진행하던 웹툰 수업을 온라인 강의 사이트에서 VOD 수업으로 론칭하기도 했다. 이전의 수업은 내가 직접 진행하지 않으면 수입이 생기지 않았기 때문에 이를 수동적 소득으로 바꾸어 보고 싶었다. 한 번 영상을 제작하면 지속적으로 판매할 수 있는 VOD 클래스가 내 경제적 자유에 가장 큰 기여를 한 프로젝트다. 거기다 한 번 VOD 클래스를 론칭했으니 이후에도 내가 뭔가를 타인에게 가르칠 수 있을 만큼 능숙해졌다는 생각이 든다면 다른 수업을 더 수월하게 더 나은 퀄리티로 론칭할 수 있을 것이다. 그리고 이 VOD 클래스를 접한 타 출판사에서 연락을 받아 웹툰 제작 프로그램 작법서의 출간 제안을 받기도 했다.

독자들 중에 자신에게는 그다지 전문적인 분야가 없으니 나처럼 수동적 소득을 만드는 게 힘들 거라고 생각하는 사람들이 있을 수도 있다. 하지만 그렇지 않다. 단순히 전문 기술의 문제였다면 과거의 나는 왜 비슷한 능력치를 가지고 있었는데도 이런저런 아르바이트를 찾아다녔을까?

앞에서 말했듯이 이것은 시야와 실행력의 문제다. 자기 계발서를 읽을 때 가장 중요한 것이 있다. 그것은 바로 읽은 내용을 실천하는 것이다. 로직트리를 써 보았나? 그래프를 그려 보았나? 나온 해결 방안을 실천해 보았나? 기회를 찾아내는 시야 또한 새로운 경험에 도전했을 때 넓어진다.

그리고 지금 내가 가진 것, 내가 할 수 있는 것에 집중해야 한다. 나 또한 왜 나는 금수저가 아닌지, 왜 엄청나게 인기 있는 웹툰작가가 아닌지, 웹툰 업계는 왜 이렇게 열악한지에 집중하고 괴로워하기만 할 수도 있었다. 실제로 몇 년 동안 그렇게 보내기도 했다. 하지만 내가 못 하는 것과 갖지 못한 것에 불평하는 것은 인생에 아무런 도움이 되지 않았다. 아무리 불평해도 내가 가진 것은 변하지 않는다. 그렇다면 내가 가진 것만으로 승부하는 수밖에 없다.

그리고 돈 공부를 할 만한 여유를 가질 수 있게 된 것은 웹툰 수업을 시작한 후 금전적, 시간적 여유가 생겼기 때문인데, 예전의 나는 누군가를 가르치는 일을 좋아하지 않았고 적성에도 맞지 않는다고 생각했다. 하지만 실제로 해 보니 나와 그렇게까지 안 맞는 일은 아니었다. 웹툰 수업은 많은 수강생들에게 감사하다는 말을 들을 수 있어서 굉장히 뿌듯하고 기뻤고, VOD 클래스 론칭은 경제적 자유에 큰 공헌을 해 주었다. 그 당시에 족저근막염으로 발이 아프지 않았고, 원래 하던 일을 그냥저냥 지속할 수 있는 상황이었고, 저축이 뚝 떨어지지 않았다면 이렇게 타인을 가르치려는 생각은 전혀 하지 못했을 것이다. 위기가 새로운 시도를 하도록 도운 것이다. '신은 위기라는 보자기 속에 축복을 넣어 둔다고 한다'라는 문장을 읽은 적이 있다. 안온한 관성을 깨려면 충격이 필요하고, 한 번쯤 바닥으로 떨어져 보는 것도 마냥 나쁜 일만은 아닌 것 같다.

3

목표 달성률을 높이는 방법

저번 챕터에서 시야를 확장하는 법에 대해 알아봤다면 이번 챕터에서는 만화에 나온 실뭉치(문제)를 풀고 용기를 적립하는 방법에 대해서 이야기해 보겠다.

목표가 생겼다고 그 목표를 향해 일직선으로 달려가는 것은 쉽지 않다. 장애물도 있을 것이고, 여러 가지 준비물도 필요할 것이며, 가는 길에 지치거나, 애초에 길을 떠날 용기가 없어 포기해 버릴 수도 있다. 이번 챕터는 이런 여러 어려움에도 불구하고 목표를 달성할 수 있도록 도와주는 여러 팁을 이야기해 보려고 한다.

기본적으로 경제적 목표 달성을 위해 해야 하는 것들과 다른 목표를 달성하기 위해 해야 하는 일들은 크게 다르지 않기 때문에 이번 챕터에서 이야기하는 것들은 다른 분야에서도 활용 가능하다.

용기 적립하기, 성공일기

나는 목표 달성에 도움을 주는 자기 계발 서적들을 읽는 것을 좋아하는데, 그러던 어느 날 목표 달성을 위해 무엇을 해야 하는지는 의외로 이미 정립되어 있다는 것을 깨달았다. 바로 '구체적 목표 세우기'와 '성공일기'다. 그리고 바로 이 '성공일기'가 용기를 적립하는 데 도움을 주는 도구다. '성공일기'라는 단어는 『12살에 부자가 된 키라』에서 나왔는데, 이 책에서 뿐만이 아니라 정말 많은 서적에서 목표를 달성하고 싶다면, 자신감을 얻고 싶다면, 자신의 성취를 노트에 적으라고 말한다. 성공일기, 이노베이션 노트, 칭찬일기 등등 다양한 이름으로 불리지만 실은 전부 같은 용도의 노트다.

돈 공부를 시작하고 '성공일기'의 중요성을 깨닫기 이전부터 나는 이미 비슷한 용도의 노트를 적고 있었는데, 우울증에 걸린 사람들이 무기력에서 벗어나도록 도와주는 '칭찬일기'라는 노트였다. 지금은 많이 괜찮아졌지만 몇 년 전까지 나는 우울증과 가벼운 공황을 앓았다. 하루 종일 아무것도 못 하고 그저 힘들어만 하면서 보낼 때도 많았고, 그런 하루를 보낸 날에는 나 스스로가 쓰레기 같다는 생각이 들어 더욱 우울해지곤 했다. 이 노트는 밥을 먹거나, 가벼운 집안일을 하거나, 산책을 하거나 하는 등의 그날 나의 아주 작은 성취들을 글로 적으면서 내가 그날 아무것도 안 한 게 아니라는 것을 인지할 수 있게 도와주었다. 노트를 쓰고 나면 훨씬 나은 기분으로 잠들 수 있었고 나는 아무것도 할 수 없다는 무기력 또한 크게 줄어들었다.

그때는 원리를 몰랐지만 지금은 알 것 같다. 이런 식으로 자신의 성취를 기록하기를 반복하는 건 용기를 적립하는 것과 마찬가지였던 것이다. 과거의 나는 이런 여러 가지 성취를 했으니 분명 이번 도전도 성공할 수 있을 거라는 근거 있는 자신감을 만들어 주는 도구, 이것이 성공일기다. 나는 산더미 같은 실뭉치(문제)들을 봐도 더 이상 막막해하지 않는다. 과거의 내가 실뭉치들을 풀어냈다는 걸 기록을 통해 똑똑히 알고 있기 때문이다.

처음에는 큰 목표를 달성하지 않아도 상관없다. 우선은 작고 자잘한 목표들을 정하고 그걸 성취해 나가자. 그리고 그것을 기록하자. 그런 성취의 경험이 점점 쌓이면 더 큰 목표들도 성공할 수 있을 거라는 자신감과 용기가 생긴다. 용기가 생기는 것만으로도 할 수 있는 일들이 훨씬 많아진다. 할 수 있는 일들이 많아지니 선택지도 늘어나 그중에서 더 좋은 것을 고를 수 있는 가능성도 높아진다. 사람의 인지는 선택적이기 때문에 기록하지 않으면 과거의 성취를 쉽게 잊어버리기 마련이다. 그러니 기록을 하자. 계좌에 돈을 저축하듯이 노트에 성공을 적립하자.

작은 목표들은 구체적인 목표를 설정하는 것과 용기, 이 두 가지만으로 해결 가능한 경우가 많다. 하지만 그보다 큰 목표들은 그것만으로는 가는 길이 조금 험난할 수 있다. 이제부터는 큰 목표를 향해 갈 때 목표 달성률을 높이는 팁 몇 가지에 대해 이야기해 보겠다.

달성 기간 길게 잡기

한 달 안에 풀 마라톤에 도전해서 4시간 기록을 세울 수 있는가? 유창하게 영어로 발표를 할 수 있는가? 탄탄한 근육질 몸을 만들 수 있는가? 파일럿이 될 수 있는가? 아마 한 달로는 무리라고 생각하는 사람이 대부분일 것이다. 하지만 1년이 주어진다면, 5년이 주어진다면, 10년이 주어진다면 어떨까? 과연 이게 무리한 목표일까?

원하는 것을 빠르게 달성하고 싶다는 마음은 누구나 마찬가지일 것이다. 하지만 그런 마음 때문에 오히려 시작도 전에 포기하게 될 수도 있다. 빠른 기간 내에 이루기 힘든 목표는 아예 이룰 수 없는 목표로 치부하는 것이다. 하지만 지금 당장 이루지 않는다고 생존에 위협이 되는 문제가 아니라면, 달성 기간을 길게 잡아 보면 어떨까?

1년 안으로 달성하기 어려워 보이는 일도 5년, 10년, 20년으로 길게 잡는다면 충분히 달성할 수 있다. 그리고 포기하는 것보다 천천히라도 나아가는 쪽이 언제나 더 빠르게 도달하는 방법일 것이다.

길을 떠나지 않으면 영원히 도착할 수 없다.

준비물 체크하기

거대한 목표인 경우에는 여러 가지 준비물이 필요한 경우가 있다. 옆 동네에 갈 때는 아무것도 필요하지 않지만 국토 종주를 떠나기로 했다면 어떨까? 먼 길을 가야 하므로 적절한 신발과 옷차림, 식량, 가방, 그리고 여비가 필요할 것이다. 이런 것들이 없어도 어떻게든 해내는 게 가능할 수야 있겠지만 여정이 훨씬 힘들어진다. 그러니 어떤 준비물이 필요한지 미리 체크해 보고, 목표 기간 동안 이 준비물들을 하나하나 차근하게 준비하자.

물론 머릿속으로만 떠올리는 것보다는 글로 적고 체크리스트를 만드는 것이 좋다. 처음 가 보는 길이라면 철저하게 준비를 한다 해도 막상 길을 떠나면 빠트린 준비물들이 생각날 것이다. 그렇기에 성공 여부와는 관계없이 간단하게라도 일단 뛰어들어서 해당 분야를 경험해 보고 이해도를 높여 두는 것도 좋다.

우리는 앞에서 인생의 목적지를 정했다. 그 목적지에 도착하기 위해 우리에게 필요한 준비물들이 무엇인지 써 보자. 그리고 그 준비물들을 언제까지, 어떤 식으로 마련할 것인지에 대해서도 써 보자.

장기 목표부터 단기 목표로

목표를 짤 때는 꿈 → 목표 → 전략 → 계획 → 행동 순으로 짜야 한다. 큰 카테고리에서 작은 카테고리, 장기적인 것부터 단기적인 것 순으로 짜는 것이다. 이 순서를 지키지 않으면 꿈과 행동의 일관성이 어긋나 행동이 꿈을 이루는 방향으로 전개되지 않을 수 있다.

예를 들면 가족들과 화목하게 사는 것이 꿈인 사람이 '돈이 많으면 행복해질 거야!' 하는 생각에 가족들과 보내는 시간을 줄이고 돈을 벌기 위해 많은 시간을 썼다고 생각해 보자. 이 경우 돈을 많이 번다는 '행동'에 집중한다고 가족들과 화목하게 사는 '꿈'에 가까워질까? 오히려 가족들과 멀어질지도 모른다. 많이 벌지 않더라도 적당한 수입만 있다면 가족들과 보내는 시간을 늘리려고 노력하는 쪽이 자신의 꿈에 더 가까워질 수 있지 않을까?

꿈을 이루기 위해서는 그 꿈을 이루기 위한 적절한 행동을 해야 하는데, 자신의 꿈(목적지)을 모르면 이것은 당연히 불가능하다. 자신의 꿈을 구체적으로 인지하는 것이 가장 중요한 것이다. 앞에서 말했듯이 자신에 대해 더 잘 알게 되면 목적지는 언제든 바꾸어도 좋다. 목적지를 바꾸면 그 하위 카테고리인 전략과 계획, 행동 또한 전부 바꿔야겠지만 말이다. 하지만 지금까지 해 왔던 게 아깝다고 그대로 진행한다면 엉뚱한 곳에 도착할 수 있다는 점도 기억하자.

그럼 다음의 표 형식에 맞춰 기간별 목표를 써 보자. 꼭 위에서부

〈기간별 목표〉

50년 뒤의 목표	
30년 뒤의 목표	
10년 뒤의 목표	
5년 뒤의 목표	
3년 뒤의 목표	
2년 뒤의 목표	
올해의 목표	
반년 뒤의 목표	
3달 뒤의 목표	
이번 달의 목표	
이번 주의 목표	
오늘의 목표	

터 아래로 써 내려가도록 한다.

기간별 목표를 쓰고 나면 앞으로 해야 할 행동이 명확해지기 때문에 막막함이 줄어들고, 주기적으로 작성할 경우 그때그때 상황에 맞춰 행동을 수정할 수 있다. 다만 단기 목표를 정할때 그것이 내 의지만으로 해낼 수 있는 목표가 맞는지 주의해야 한다.

예를 들면 공모전 당선을 목표로 했을 때 공모전에 당선되는 것은 나의 의지만으로 달성할 수 있는 것이 아니다. 심사위원이나 다른 뛰어난 참가자 등, 외부적 요소로 결정될 수 있다. 때문에 공모전 당선을 단기 목표로 삼기보다는 (장기 목표로는 괜찮다) 수치화된 노력을 단기 목표로 삼는 것이 좋다. '기간 내에 공모전에 다섯 번 도전한다', '공모전의 경향을 세 시간 동안 조사한다', '제출할 결과물을 주변의 세 명 이상에게 보여 주고 피드백을 받는다' 등등이 그렇다. 후자의 경우는 내 의지만으로 목표 달성이 가능하다. 이렇게 내 의지만으로 달성 가능하고 수치화할 수 있는 행동으로 단기 목표를 잡도록 하자.

PDCA 전략과 체크포인트 만들기

전략과 계획을 짜고 나면 '이게 될까?', '이게 효과가 있을까?' 고민하며 실행을 망설이기보다는 일단 행동으로 옮기는 쪽이 좋다. 고민과 상념은 목표 설정과 계획 단계에서 필요한 것이지 행동 단계에서는 오히려 방해가 된다. 물론 행동 과정을 한 번 거친 후에는 한숨을 돌리며 한 발자국 뒤로 물러서서 지금까지 해 온 것들과 앞으로 나아갈 길을 다시 한번 살펴보고 정비할 여유 또한 필요하다.

일을 진행한다는 것은 단지 계획에 따라 행동하는 게 아니다. 행동 후, 잘못된 점을 돌아보고 수정하는 것까지를 뜻한다. 꼼꼼하게 세워 둔 계획을 그대로 따른다고 해도 단 한 번에 목표를 성취하는 것은 어려운 일이다.

이럴 때 많이 사용하는 전략이 'PDCA 전략'이다. 'PDCA 전략'이란 Plan(계획)-Do(실행)-Check(평가)-Action(개선)을 반복하면 어떤 목표라도 반드시 성취가 가능하다는 공식으로 아주 유명한 전략인데, 이 전략의 포인트는 재검토, 즉 평가와 개선이다.

나의 경우, 재검토를 위한 체크포인트를 주기적으로 가지고 있다. 분기, 1달, 일주일별로 단기 목표를 정해 두고 기간이 끝날 때마다 재검토한다. 만약 목표 달성에 실패했을 때는 왜 실패했는지 생각해 본 후 개선점을 찾는다. 이때 어떤 식으로 개선해야 할지 방안이 생각나지 않는다면 로직트리를 같이 사용하면 좋다. 다음 표는 내가 전에 직접 작성했던 PDCA다.

체크포인트는 주기별로 해도 좋고 단기 프로젝트별로 해도 좋다. 최종 목표 달성이 아직 멀었더라도 해당 체크포인트를 달성했을 때 성취감을 얻을 수 있으므로 최종 목표를 향해 나아갈 힘이 된다.

〈PDCA 예시〉

목표	실행 및 평가	개선점
PLAN ★ DO ★ CHECK ★ ACT		
19년도에 여러 가지 투자상품(다섯 개)에 소액으로 투자해 보며 경험 쌓기	CMA, 발행어음, P2P, ETF, 개별주 (성공!) 훌륭하다	딱히 없다 내년에는 세 가지 더 경험하기
19년도 누적 금융 수익으로 한 달 식비를 달성했다	한 달 식비 20만 원 누적 금융 수익 24만 9,910원 달성 아주 훌륭하다	없음
19년도 내에 족저근막염이 완화되어 3km 마라톤에 나갔다	격한 운동을 할 만큼 발 상태가 좋아지지 않아 하지 못함 발 상태는 내가 조절할 수 있는 것이 아닌데 목표로 세웠기 때문에 실패함	발 운동을 하면서 가벼운 1단계 러닝을 꾸준히 하자 발에 아무런 무리가 가지 않을 때 러닝 강도를 높이자 마라톤에 나가도 될 것 같다는 확신이 들 때 대회를 신청하자
19년도 내에 사고 위험 없이 운전으로 20km를 달릴 수 있게 되었다 평행/후진 주차를 기어 변경 세 번 만에 넣을 수 있게 되었다	열심히 연습했다 아직 조금 어설프지만 목표 달성!	운전하다 모르는 게 생기면 그날 바로 유튜브로 검색해서 어떻게 해야 하는지 알아보자

인생의 밸런스체크

목표를 정하고 그것을 이루기 위해 노력하다 보면 한 가지 방향에만 집중하느라 인생의 밸런스가 무너질 수 있다. 밸런스가 무너진다면 큰 부를 얻거나 평생의 목표를 달성하더라도 만족스러운 일상을 보내기 어려울 수 있다. 앞에서 말했듯이 우리는 행복한 삶을 위해 노력하는 것이다. 그러니 목표를 위해 노력하면서도 이 인생의 밸런스는 균형 있게 유지할 수 있도록 하자.

나도 한 달에 한 번, 이 그래프를 사용해 나의 인생 밸런스를 체크하곤 하는데 실제로는 밸런스가 크게 무너져 있더라도 그래프를 이용해 눈으로 확실하게 인식하지 않으면 그것을 깨닫지 못하는 경우가 많다. 그래서 무엇이든 글로 써 보고 그래프와 도표를 이용해 시각화하는 것을 선호한다.

'일과 사회의 공헌'은 커리어와 사회에 공헌하는 활동에 얼마나 시간을 쓰고 있는지를 뜻한다. 봉사나 기부, 사회운동 등도 포함된다. 존경받는 부자들이 괜히 기부를 하는 게 아니다. 사회에 공헌하는 활동을 하는 것은 자신의 인생 밸런스에도 도움이 되는 것이다. '인간관계'는 타인과 관계를 유지하거나 생성하는 데에 어느 정도의 시간을 쓰고 있는가다. 자립이란 한 가지에만 의존하는 것이 아니라 다양한 인간관계와 사회서비스 등에 의존도를 분산하는 것이라고 한다. 인간관계가 좁을수록 의지할 수 있는 사람도 적어질 테고 자립한 인간이 되기도 어려워진다는 것이다. 일에만 집중하다 보면 인간관계에 소홀해지기 쉬우니 이 부분도 의식적으로 체크해 보자. '배움과 취미', '휴식', '정신과 육체의 건강'은 아마 굳이 말하지 않더라도 왜 이것들이 인생의 밸런스를 위해 중요한지 알고 있을 것이다. 자신의 밸런스가 무너져 있다고 여겨진다면 균형을 잡기 위해 노력해 보자.

기본적으로 내가 실제로 얼마나 시간을 쏟고 있는지를 기준으로 작성한다. 원의 형태에 가까울수록 좋다. 5가 나쁘다고 할 수는 없지만 2 이하가 있다면 당분간은 그 요소에 더 신경을 써 보는 것은 어떨까?

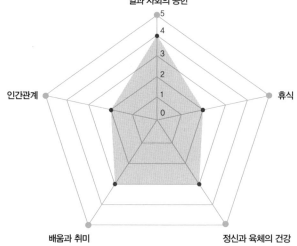

〈인생의 밸런스 그래프〉

일과 사회의 공헌

휴식

정신과 육체의 건강

배움과 취미

인간관계

하는 것보다 중요한 것은 하지 않기

워런 버핏에게 그의 전용기 조종사가 목표를 이루려면 어떻게 해야 하냐고 물었다는 일화가 있다. 워런 버핏은 이루고 싶은 목표를 전부 써 보라고 한 다음 그중 딱 다섯 개만 고르라고 했다. 조종사는 그의 말대로 수많은 목표들 중 다섯 가지를 골랐다. 그러자 워런 버핏은 그것들을 이루기 전까지 다른 목표에는 '절대 손을 대지 않는 것'이 비법이라고 말했다고 한다.

그 일화를 보고 나도 리스트를 만들어 봤던 기억이 난다. 당시 진행하고 있는 일만 체크해도 다섯 개를 초과한 상태였는데, 그래서 그런지 당시에는 이것저것 해야 하는 일이 너무 많아서 버거운 상태였다. 그 이후로는 가능하면 여러 개를 동시에 진행하기보다는 우선순위가 높은 일에 집중해서 빨리 끝낸 다음, 다른 일을 시작하려고 하는 편이다.

선택과 집중, 아마 어디선가 많이 들어 본 말일 것이다. 하지만 요즘같이 미디어에서 많은 것을 권하는 시대에 정말 중요한 것에만 집중하기는 아주 어렵다. 그렇기 때문에 오히려 중요한 일이 아니면 하지 않겠다는 마음이 필요한 것이 아닐까?

신경 쓸 것이 너무 많아 피곤하다는 느낌이 든다면, 그리고 이것도 저것도 해 보기는 하는데 제대로 된 성과가 나오지 않는 것 같다면, 워런 버핏의 말처럼 정말 중요한 것을 달성하기 전까지 다른 것은 하지 않기로 결심해 보는 것도 좋을 것이다.

완벽주의 버리기

앞에서 용기를 적립하면 실천력을 높일 수 있다는 이야기를 했다. 근데 도전하는 데에 왜 용기가 필요한 걸까? 완벽주의는 사실 완벽을 추구하는 것이 아니라 실패를 지나치게 두려워하는 것이라는 말이 있다. 실패한다고 큰일이 나거나 죽는 것도 아닌데 우리는 어쩐지 '실패할지도 모른다'는 이유만으로 도전하지 않으려고 한다. 우리는 왜 실패가 두려울까?

그것은 일의 성공과 실패를 나 자신의 가치와 연관 짓기 때문이다. 많은 사람들이 내가 실패한다면 내 가치 또한 없어진다고 생각한다. 하지만 그렇지 않다. 실패를 많이 하는 사람이 실패가 두려워 도전하지 않는 사람보다 성공할 가능성이 더 높다. 기업이 성공하기 전에는 평균적으로 3.8번의 실패를 겪는다고 한다. 만약 기업들이 3.8번의 실패가 두려워 아예 도전하지 않았다면 성공할 수 있었을까? 에디슨이 1만 번의 실패를 겪지 않았다면 전구를 만들 수 있었을까? 실패했다는 것은 도전했다는 뜻이다. 그래도 도전하는 것이 무섭다면 일부러 실패해 보는 경험을 해 보는 것은 어떨까? 실패해도 아무 일이 일어나지 않는다는 것을 깨달으면 실패가 그다지 두렵지 않아진다.

예전에 완결한 중·단편작을 다른 웹툰 사이트에서 다시 서비스하고 싶어 제안 메일을 보낸 적이 있다. 이미 완성된 작품을 독점으로 재연재하는 쪽의 수입이 비독점으로 여러 사이트에 푸는 쪽보다 나았기 때문이다. 당시 굉장히 긴장되는 마음으로 서너 군데 사이트에 제안 메일을 보냈는데, 전부 거절 답장을 받았다. 거절 답장을 받을 때마다 작품 제안이 아니라 내가 거절당한 것처럼 괴로웠다.

하지만 여러 번 거절 메일을 받다보니 실제로 이게 나에게는 아무런 영향도 미치지 않는다는 것을 깨닫게 되었다. 이건 아웃이 없는 타석이었고 나는 방망이를 10번이고 20번이고 휘두를 수 있었다. 그렇게 계속 휘두르다가 한 번만 맞추면 되는 게임이었다. 그래서 알고 있는 대부분의 웹툰 사이트에 제안 메일을 보냈고, 그중 한 사이트와 계약을 할 수 있었다. 실패해도 아무 손해도 없다는 것을 깨닫고 난 후에는 메일을 보내고 답장을 확인하는 일 자체에 감정 소모도 거의 없었다.

거절당하는 것이 두려워 제안 메일을 보내지 않고 작품을 그냥 하드에만 넣어 놨다면 그 작품으로 추가 수입은 얻을 수 없었을 것이다. 이 도전의 리스크는 메일을 보내는 수고뿐이었다.

실패하면 안 되는 도전들은 사실 그다지 많지 않다. 실패한다고 하늘이 무너지는 일은 실제로 일어나지 않고, 리스크 관리만 잘한다면 재기할 수 없는 실패를 하는 일도 거의 없다. 실패가 아니라 경험이라고 생각하자. 그리고 그 경험을 발판으로 개선점을 찾아 다시 도전하는 것을 반복하자. 애초에 불가능한 도전이 아닌 한, 달성할 수 없는 목표란 많지 않다. 생각보다 아주 많은 도전들이 아웃이 없는 타석과 같다. 영원히 끝나지 않는 기회들이 있다.

─ 참고 자료 ─

● 『열두 살에 부자가 된 키라』, 보도 섀퍼
● 『저축의 신』, 하마구치 가즈야

PART 3

목표를 향해
나아가기

짜식아!!! 월 3%면 연 36% 그것도 세후 36%인데!!!

워런 버핏도 연 평균 수익률이 22% 라는데 니가 뭔데!!!

(다행히 이때는 돈이 없는 쫄보라 조금 잃고 나왔다)

이런 식으로 금융에 대한 기초적인 지식도 없으면서 기술적 매매에 대한 책만 찾아 읽었다.

오왕

말 그대로 머리가 꽃밭이었던 시절

금융에 대한 기본 지식 없이 하는 투자는 사상누각이다. 아주 위태롭고 오래가기 힘들다.

처음 몇 번은 돈을 딸 수도 있겠지만 제대로 된 기반 없이 쌓은 건물은 금세 무너지기 마련이다.

그렇다면 투자를 제대로 하기 위해서는 무엇을 공부해야 할까?

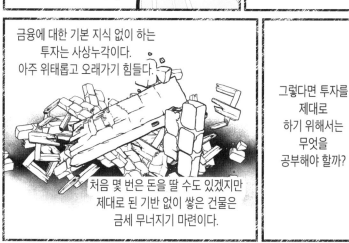

투자 전 기본 개념 탑재하기

나는 약 10년 전인 20대 초반부터 주식 공부를 시작했다. 우연히 들게 된 주식 팟캐스트가 계기였다. 문제는 당시 금리나 환율, 거시경제 등의 기본 지식은 하나도 공부하지 않고 소위 '단타', '스윙', '추세추종' 등의 기법을 다루는 기술적 투자 서적을 위주로 찾아 읽으며 공부했다는 점이다. 그 당시 나는 적금 하나도 들어 본 적이 없었고, 금리나 거시경제에는 아예 무지했다. 처음 은행에서 적금을 추천받았을 때 적금 이자를 월 이자라고 생각했을 정도였다. 그러나 혈기 넘치는 젊은이답게 빠르게 많은 수익을 얻고 싶었고, 목표 수익률은 월 3%(연 36%)였다. 모의투자 계좌의 수익율은 몇 주 만에 40%가 넘었고, 적립식 투자니 장기 가치투자니 하는 것들은 답답하고 지루해 보였다. 그야말로 금융에 대한 이해도는 거의 없으면서 나만은 주식으로 돈을 잃지 않고 높은 수익을 낼 수 있을 거라고 착각하는 얼간이였던 것이다.

그나마 다행인 점은 당시 아르바이트생이었기 때문에 저축한 돈이 많지 않았고, 그래서 고작 50만 원으로 투자를 시작했다는 점이다. 모의투자에서는 분명히 수익이 났는데 실전에 들어가자 열심히 차트를 보며 고민해서 매매를 하고 있는데도 이상하게 매매를 할 때마다 돈이 조금씩 줄어들었다. 그러던 와중 10%의 손실이 나자 '이러다 정말 크게 돈을 잃었다는 사람들처럼 돈을 다 잃는 게 아닐까?' 하는 생각이 들며 덜컥 무서워졌다. 나는 가지고 있던 주식을 전부 팔고 그대로 시장에서 나와 버렸다. 그리고 이후로 몇 년간은 주식을 하지 않았다. 그리고 돈 공부를 시작한 후에야 다시 주식을 시작했다. 지금은 주식을 시작한 후로 매년 꾸준히 목표 수익률 이상의 수익을 얻고 있다.

지금 생각하면 그때 돈을 잃은 것이 오히려 행운이었다. 만약 그때 시장이 좋았고 내가 운 좋게 높은 수익률을 냈다면 얼간이였던 나는 주식시장에 더 많은 돈을 넣었을지도 모른다. 물론 아는 게 없으니 조금만 위기가 와도 큰 손실을 봤을 테지만 말이다. 그러면서도 초반의 행운을 떠올리며 계속 그런 투자 방식을 고수하거나 잃은 돈을 복구하기 위해 더 위험한 투자 방식에 손을 댔을지도 모른다.

투자로 돈을 잃거나 잘못된 방식의 투자에 중독된 이런 사례들 때문에 '투자는 무섭고 어려운데…… 그냥 수동적 소득으로만 자산소득을 얻으면 안 될까?'라는 생각을 할 수도 있다. 하지만 수동적 소득은 시간이 지나면 초기에 비해 수입이 줄어드는 경우가 많다는 점을 알아야 한다. 시간이 지나도 수입이 줄어들지 않는 아이템이라면 좋겠지만, 창작물의 인세나, 광고 수입이나, 온라인 VOD 클래스 판매 등 대부분의 수동적 소득은 시간이 지날수록 초기에 비해 수입이 크게 줄어들기 마련이다. 물론 새로운 내용으로 업데이트를 계속 이어 간다면 수입을 유지할 수도 있지만 어쨌거나 이 과정에도 품이 든다.

반면, 금융소득은 종잣돈을 소비하지 않고 리스크 관리를 잘해 나간다면 수십 년이 지나도 줄어들지 않고 투자소득을 지속적으로 가져다준다. 수동적 소득으로 번 수입도 마냥 예금통장에 넣어 두는 것보다는 조금이라도 이익이 나는 곳에 넣어 두는 쪽이 낫다. 또한 수입을 얻는 루트가 한 가지인 것보다는 여러 가지일수록 안정적으로 경제적 자유를 이룩하는 데 도움이 된다.

돈 공부를 하다 보면 동그랗고 높은 탑을 쌓는 것 같다. 한 부분에만 계속해서 벽돌을 쌓아 올려 봤자 높게 쌓아 올릴 수도 없고 금방 무너지기 십상이기에, 튼튼하고 높은 탑을 쌓으려면 모든 방향에 골고루 벽돌을 쌓아 나가야 한다. 투자도 마찬가지다. 기본적인 경제,

금융 상식도 없이 기술적 방법만 공부해 봤자 제대로 된 투자를 하기도 힘들고 어느 정도 이상의 레벨로 올라갈 수도 없다. 거시경제와 자본주의의 원리, 자산의 개념, 멘탈 관리, 그리고 리스크 관리법 등등 여러 가지를 공부해야만 전체적인 투자 레벨을 올릴 수 있다.

어떤 분야든 어느 정도 공부했을 때 더 이상 이해하기가 힘들고 막히는 시기가 온다. 그럴 때 오히려 다른 분야를 공부하면 막혔던 부분이 뚫리고 원래 알고 있던 부분의 이해도도 더욱 올라가는 경우가 있다. 더 탄탄하고 넓게 벽돌을 쌓아 주었기 때문이 아닐까 싶다.

돈 공부가 힘들지 않을까 걱정하는 사람도 있겠지만 척척박사가 되라는 이야기가 아니다. 자신이 무엇에 투자하는지도 모르는 상태로 있는 것을 그만두라는 것이다.

그럼 투자를 시작한다면 무엇부터 해야 할까? 지금부터 초보도 시작할 수 있는 투자 입문 방법에 대해 이야기해 보자.

'불완전 구매'* 지양하기

'불완전 판매'란 고객에게 금융상품을 판매할 때 상품에 대한 기본 내용 및 투자 위험성에 대한 안내 없이 판매하는 것을 뜻하는 용

---

* '불완전 구매'와 '완전 구매'는 작가가 만든 용어다

어다. 이것은 금융상품을 판매하는 측이 지양해야 하는 의무다. 하지만 투자자 개인도 내가 투자하려는 금융상품이 무엇인지, 어떤 투자 위험성을 가지고 있는지, 이런 것들을 모른 채 돈을 투자하는 '불완전 구매'를 지양해야 한다.

나도 과거에 남의 말만 듣고 자칫하면 손해를 보는 금융상품에 투자할 뻔했던 에피소드가 있다. 이제 막 돈 공부를 시작했을 즈음, 금융 정보를 서치하던 중에 '무료 재무 상담'에 대한 인터넷 게시글을 보게 되었다. 나는 그동안 혼자 돈 공부를 하다 보니 전문가에게 도움을 받을 수 있다면 좋겠다는 마음이 있었다. 더구나 그 글은 국가 기관에서 지원하는 재무 상담인 양 꽤 그럴싸하게 쓰여 있었기 때문에 상담을 신청했는데, 미리 말해 두자면 이 재무 상담은 결과적으로 반쯤 사기인 보험팔이었다.

약속을 잡으면서부터 뭔가 이상했다. 무료 상담을 해 주는 재무 상담사가 내가 있는 지역까지 와서 카페의 음료를 사 주겠다는 것이다. 이상하다고 느꼈지만 나는 돈 공부를 시작한 지 얼마 안 된 초보였기 때문에 재무 상담사가 알려 주는 나이에 맞는 저축 목표나 보험, 청약에 대한 기본적인 정보가 당시 내게는 나름의 도움이 되었다. 그래서 긴장이 점점 풀어졌다. 제대로 도움이 되는 상담을 해 주니 사기가 아닐 것이라는 생각이 들기 시작한 것이다.

그때 재무 상담사가 아주 자연스럽게 나에게 모 회사에서 나온 변액보험 상품을 추천했다. 비과세 혜택도 있고 입금액을 얼마만큼 유지하면 얼마만큼의 이자가 나오니 노후 대비로 딱이라는 등 굉장히 자연스러운 추천이었다. 당시에는 그게 영업이라는 생각도 못했고, 정말 좋은 상품을 추천하는 것처럼 들렸다. 상담이 끝날 때가 되었을 즈음에는 자연스럽게 다음 상담을 잡아야 할 것 같은 흐름이 되었다. 얼떨떨했지만 두 번째 상담에서도 도움이 되는 정보를 얻을 수 있으려나 하는 마음에 두 번째 상담을 받으러 갔는데, 그때는 별로 도움되는 정보를 얻지 못했다. 줄곧 특정 보험상품이 얼마나 좋은지에 대한 이야기만 했던 것이다. 재무 상담사는 내가 보험 가입을 더 생각해 보겠다고 하니 또 다음 상담을 잡으려고 했다. 그렇게 두 번째 상담을 받고 집에 돌아가면서 '아…… 역시 아무래도 뭔가 이상하다'라는 생각이 들었다. 집에 도착한 후 검색해 보니 아니나 다를까, 해당 보험상품과 보험상품 영업에 대한 부정적인 글들이 잔뜩 튀어나왔다. 그 상담은 단순히 무료 재무 상담이 아니라 보험설계 수수료를 받기 위한 보험 영업이었던 것이다!

만약 그 상품이 나에게 어느 정도 도움이 되는 상품의 영업이었다면 사기라고까지는 말하지 않았을 것이다. 하지만 해당 보험상품은 한 번 돈을 넣으면 수십 년간 꺼낼 수 없고, 꺼내려면 오히려 거액의 수수료를 내야 하는 상품인 데다, 손해 볼 가능성을 낮추려면 100%에서 200%나 되는 금액을 추가 납입해야 하는 변액보험이었다. 당시 나는 저축 여유자금이 많지 않았기 때문에 이 변액보험에 가입하면 운용 가능한 현금흐름이 거의 다 사라지고 수십 년간 큰돈이 묶이는 상황이었다. 내게는 전혀 적절하지 않은 보험상품이었는데, 상담자의 재무 상태를 더 나쁜 상태로 만든다는 의미에서 이러한 상담들이 반쯤 사기라는 말을 들어도 어쩔 수 없다고 생각한다.

만약 내가 스스로 검색해서 알아보지 않고 재무 상담사의 말만 듣고 좋은 상품이라고 생각해서 가입했다면 어떻게 됐을까? 분명 이후에 큰 마음고생뿐만 아니라 금전적 손해까지 보며 해지해야 했을 것이다.

이런 식으로 영업을 하는 사람들은 말을 아주 잘하기 때문에 그 사람의 말만 들어서는 내게 잘 맞는 좋은 상품처럼 느낄 수 있다. 그러니 한 사람의 말만 들을 것이 아니라 객관적인 정보를 찾아보고 상품의 단점까지 알아낸 다음 가입을 결정해야 한다. 어떤 금융상품에 대해 알게 되거나 추천받는다면 꼭 스스로 해당 상품이 어떤 상품인지 충분히 숙지하고, 그 전에는 가입하지 않도록 하자. 재무 상담 또한 충분히 신뢰할 수 있는 재무 상담사에게만 받도록 하자. 물론 신뢰할 수 있는 상담사라고 해도 상품 추천을 받는다면 가입 전에 스스로 정보를 알아보는 과정은 필수다. 은행에서 권하는 상품도 마찬가지다.

일단 투자를 한 다음에는 모든 것이 투자자 본인의 결정과 책임이다. 아무리 타인이 추천했다고 해도, 그 타인의 추천을 듣고 투자하기로 결정한 것은 투자자 본인이기 때문에 남 탓을 하는 것은 의미가 없다. 얻을 수 있는 것은 반성과 다음에는 그러면 안 되겠다는 깨달음 정도겠다.

　나의 경우는 보장성 보험인 암, 심혈관 보험을 들 때도 2주 정도 보험에 대해 공부해서 직접 견적을 짠 다음 '이대로 들어 주세요' 하고 가입했다. 수십 년간 돈을 지불해야 하는 상품인데 타인이 추천하는 대로 가입하는 것은 불안했기 때문이다. 그래서 어차피 공부하면 평생 자산이라는 생각으로 직접 공부했고, 나중에 보험 일을 하는 친구에게 물어봤을 때도 괜찮게 들었다는 말을 들을 만큼 꼭 필요한 특약 위주로 알차게 가입할 수 있었다.

　모든 사람이 이렇게까지 할 필요는 없고 사전 조사의 정도 차이는 있겠지만, 결국 하고 싶은 말은 열심히 번 돈을 투자하는 일이니만큼 꼼꼼하게 제대로 알아보고 투자하자는 이야기다. 어떤 상품인지 공부하기 위한 목적으로 소액 투자해 보는 것은 괜찮다. 하지만 무슨 금융상품인지 잘 모르는 상태에서 거금을 홀쩍 넣는 것은 눈을 가리고 외나무다리를 건너는 것과 마찬가지로 위험천만한 행동이다. 이를 기억하고, 상품에 대해 잘 알아본 후 '완전 구매'를 하려고 노력하자.

2

'돈'이란 무엇일까?

'돈'이란 무엇일까? 지갑에 들어 있는 지폐와 동전을 말하는 걸까? 월급 통장에 찍힌 숫자일까? 신용카드는 돈일까? 투자를 시작하기 전, 금융과 자본주의의 기본 개념 공부가 필요하다는 이야기를 했다. 그러니 잠시 돈의 정체에 대해 알아보고 넘어가도록 하자.

돈 공부를 시작하고 어느 시점까지는 저축이 아주 즐거웠던 시절이 있었다. 그런데 어느 정도 돈을 모은 이후부터는 돈을 모으는 것이 그렇게 즐겁지 않았다. 저축하는 버릇이 단단하게 자리잡았다면 더 이상 저축으로 큰 즐거움을 느끼지 못하더라도 저축을 지속하는 데에는 큰 문제가 없지만 당시 나는 '앗, 나는 큰일났다!' 하고 생각했다. 그래서 다시 저축이 즐거우려면 어떻해야 할지를 고민했다. 그래서 현금을 인출해서 가지고 놀아 보기로 했다. 실물 돈을 가지고 놀면 꽤 즐겁고 돈과 관련한 배짱도 생긴다는 내용을 어디선가 읽었던 것이다.

주식이나 예적금에 들어 있는 돈을 제외하고 자유로운 인출이 가능했던 700만 원을 현금으로 인출했다. 은행에서 직접 받은 1만 원권 500장, 5만 원권 40장이 든 돈 봉투를 패딩 안주머니에 넣은 후 집으로 걸어왔다. 700만 원을 품에 넣고 걸어오던 20분간이 얼마나 두근거렸는지 모른다.

그렇게 두근대며 걸어오던 도중에 갑자기 뭔가 이상하다는 생각이 들었다. 원래도 화폐로서 똑같은 가치를 지니는, 그러니까 당장 수백만 원을 지불할 수 있는 신용카드와 체크카드를 나는 항상 지니고 있었던 것이다. 그렇다면 현금과 카드는 무엇이 다르기에 현금을 가지고 있다고 이렇게 긴장되는 걸까? 계좌 속 숫자와 현금은 무슨 차이가 있을까? 그것이 전부 똑같은 돈이라면 굳이 현금이 가진 가치는 무엇일까?

화폐의 종류와 역사

먼저 돈이 어떻게 생겨났는지에 대해 이야기해 보자. 처음에 사람들은 자신이 원하는 것을 얻기 위해 물물교환을 했다. 그러다 물물

교환의 번거로움을 해결하기 위해 특정한 물품이 동등한 가치를 가지도록 약속하고 물건 대신 그것의 교환이 가능하도록 약속했다. 그렇게 최초의 화폐인 조개껍질이 생겨났다(쌀, 소금 등 다른 물품을 사용하던 지역도 있다). 이것이 물품화폐다.

그리고 그것이 발전하여 좀 더 안정된 형태와 가치를 가진 금속화폐가 되었다. 그중에서도 금은 아름다우며 희소하고, 녹슬지 않고, 변색도 되지 않기 때문에 최고의 가치를 가졌었다. 이때는 금이 말 그대로 돈을 뜻했다.

그러던 어느 날, 상인들은 가지고 있는 금이 많아지자 그 금을 보관할 곳이 필요해졌다. 그러다 금을 금화로 만드는 일을 하는 금 세공사가 튼튼한 금고를 가지고 있다는 것을 알고 세공사에게 금을 맡기기 시작했다. 금 세공사는 상인들이 맡겨 둔 돈을 되찾을 수 있도록 보관증을 써 주었다. 이것이 초기 은행의 형태다. 그리고 이 보관증은 금화 대신 화폐로서 사용되기 시작했고, 그것이 서양 최초의 지폐가 되었다(가장 최초의 지폐는 10세기경 중국에서 사용되었다).

그리고 20세기에 들어서면서 최초의 신용카드가 생겨났다. 이는 뉴욕의 한 은행원이 친구들과 식사를 하다가 지갑을 가지고 오지 않아 곤란한 일을 겪은 이후로 가족과 지인들이 현금을 가지고 있지 않더라도 식당을 이용할 수 있도록 '다이너스 클럽 카드'라는 것을 만든 데서 비롯되었다.

이 카드의 최초 회원은 약 200명이었고 뉴욕 14곳의 레스토랑에서 이용할 수 있었다. 그리고 이 카드의 회원 수가 급격하게 늘면서 신용카드가 보편화되었다. 이것이 이제는 누구나 흔하게 사용하고 있는 '신용화폐'의 등장이다.*

'신용'이란 무엇일까?

다시 최초의 은행가였던 금 세공사들의 이야기로 돌아가 보자. 금 세공사들은 언젠가부터 자신들이 맡아 둔 돈을 사람들이 한 번에 전부 찾아가지 않는다는 것을 깨달았다. 그래서 맡아 둔 돈의 일부를 돈이 필요한 사람들에게 이자를 받고 빌려주기 시작했다.

이것을 현대의 은행으로 바꿔 생각해 보자. A가 은행에 100만 원을 예금했다 치자. 그럼 은행은 그 돈을 다시 B에게 빌려준다. 이때 은행은 다시 돈을 찾아가는 사람의 비율을 생각해서 은행에 예금액의 일부를 남겨 두는데 이것을 '지급준비율'이라고 한다. 현재 한국의 법정 지급준비율은 일반예금 기준 7%이다. 그럼 은행은 A가 예금한 100만 원에서 93만 원을 대출해 줄 수 있는 것이다. 그럼 어떻게 될까? 분명 A가 예금한 돈은 100만 원인데, A와 B가 자유롭게 꺼내 쓸 수 있는 돈은 합쳐서 이제 193만 원이 되었다. 근데 B가 이 돈

---

* 해당 챕터에서는 '신용화폐' 이후 등장한 '가상화폐'에 대해서는 다루지 않았다.

을 다시 은행에 예금했다면 어떻게 될까? 은행은 또다시 93만 원에서 7%를 남긴 후 86만 4,900원을 대출해 줄 수 있게 된다. 그리고 이것이 계속 반복되면 시장에는 실제로 존재하지 않는, 대출로 생겨난 돈이 최대 약 17배까지 돌아다닐 수 있게 된다.

내가 현금 100만 원을 개인 금고에 넣어 두면 돈은 100만 원 그대로 존재한다. 하지만 그 돈을 은행에 예금하면 은행은 그것을 기반으로 대출을 해 주며 시장의 통화량을 늘린다. 이렇게 은행이 대출을 해 주고 시장에 실제로는 존재하지 않는 돈이 생겨나는 것을 '신용창조'라고 하고, 그렇게 생겨난 돈을 '신용통화'라고 한다. 시장에 돌아다니는 전체 통화량, 즉 우리가 '돈'이라고 부르는 것의 정체는 현물통화와 신용통화, 이 두 가지로 이루어져 있다. 그리고 시장에 돌아다니는 전체 돈의 양 중 대부분은 신용통화가 차지하고 있다.

〈전체 통화량〉

그렇다면 '신용'이란 무슨 뜻일까? 금융에서 '신용(Credit)'이란 '빚

을 갚을 수 있는 능력' 또는 '빚' 그 자체를 말하기도 한다. 앞에서 '신용통화'가 시장에 돌아다니는 전체 돈의 양의 대부분을 차지한다고 했다.

유통되는 통화량이 늘어나 돈의 가격이 떨어지고 물가가 오르는 현상을 인플레이션이라고 하는데, 이렇게 빚이 늘어나 시장에 유통되는 통화량이 늘어나는 것도 인플레이션이 일어나는 이유 중 하나이기도 하다. 그리고 이 늘어난 통화량을 '빚', 허상의 돈 '버블'이라고도 한다.

투자를 하는 사람들은 버블이 심하다거나, 슬슬 버블이 터질 때가 되었다는 말을 종종 한다. 시장에 '빚'을 진 사람들이 많아지고 '신용통화'가 너무 많아졌다는 뜻이다. 이 꼬리에 꼬리를 문 빚의 굴레에서 만약 누군가가 돈을 갚지 못한다면 어떻게 될까? 그 '빚' 뿐만 아니라 그 '빚'이 창출한 그 이상의 '신용통화'가 시장에서 사라지고 전체적인 '통화량'이 줄어들게 될 것이다. 그렇게 시장에 돌아다니던 전체 돈의 양이 줄어들면서 빚이 있던 다른 사람들도 갚을 돈을 구하기가 어려워진다. 돈을 빌려준 측 또한 돈을 돌려받을 수 없기 때문에 자신도 빚이 있는 상태였다면 그 빚도 갚기 어려워지는 것은 물론이다. 그렇게 연쇄파산이 생기고, 고용이 줄어들고, 소비가 정체되고, 사람들이 돈을 구할 수 없어 허덕이게 되는 것이다. 이것이 경제공황이다. 그리고 시장에 돈의 양이 적은 이러한 상황이 지속되는 것을 디플레이션이라고 한다(인플레이션과 디플레이션이 일어나는 이유에는 이외에도 다양한 원인이 있다).

그리고 이 인플레이션과 디플레이션을 조정하기 위해 정부는 돈의 가격인 금리를 조정하거나, 실물화폐를 더 찍어 내거나, 중앙은행에서 채권을 매수, 매각하곤 한다. 이렇게 연결되어 있기 때문에 금리나 채권의 흐름을 읽을 수 있게 된다면 경제의 흐름을 읽는 데에도 도움이 되는 것이다.

만약 내가 700만 원의 예금을 인출한 것처럼 다른 예금자들 또한 돈을 인출하려고 한꺼번에 은행으로 오면 어떻게 될까? 은행이 가지고 있는 현금은 사람들이 맡긴 돈보다 훨씬 적은 상태이기 때문에 모든 사람들이 은행에서 돈을 찾으려 하면 '뱅크런', 은행파산이 일어난다. 은행이 파산하면 은행 계좌 속에 들어 있는 숫자로만 존재하는 돈은 아무런 가치가 없어진다. 오직 내가 가지고 있는 실물화폐만이 돈으로써 기능한다. 또한 실물통화는 시장에 돌아다니는 전체 통화량의 최대치를 결정하는 중요한 역할을 하기도 한다.

화폐에 대해 공부한 후에 나는 이것이 카드나 계좌 속 숫자와는 다른, 신용통화에는 없는 현금만이 가지고 있는 가치라는 생각이 들었다.

현금을 집에 가져온 다음에는 장난감처럼 가지고 놀아 보았다. 급격한 인플레이션으로 돈의 가격이 폭락해 아이들이 돈뭉치를 블록처럼 가지고 놀았다던 짐바브웨 달러처럼 블록쌓기를 해 보기도 하고, 천장에 던지며 돈비를 맞아 보기도 하고, 뿌려둔 돈 위에서 뒹굴어 보기도 하고, 돈방석을 만들어 앉아 보기도 했다. 생각보다 현금 540장은 그다지 많은 양이 아니어서 아쉬웠다. 나처럼 현금으로 가지고 놀 생각이라면 전부 만 원권이나 그 이하로 인출하는 쪽이 좋은 것 같다.

돈에는 세균이 많기 때문에 한창 가지고 논 후에는 샤워를 하고 입었던 옷을 세탁했다. 그리고 난 후에는 뭔가 귀찮아져서 구석에 돈더미를 밀어 둔 채로 열흘 정도 놔두었다. 지금 생각해 보면 돈에 대한 즐거움을 되찾기보다는 오히려 현금에 대해 덤덤해지는 역효과가 났는지도 모르겠다. 그래도 실물화폐는 역시나 계좌 속의 숫자보다는 사람의 마음을 두근거리게 만드는 효과가 있는 것 같고, 왜 돈을 가지고 노는 게 즐겁다고 하는 것인지도 이해할 수 있었다. '돈 공부'를 하는 사람으로서 말 그대로 '돈'이란 무엇인지에 대해 알고 싶어지는 계기도 된, 한 번쯤 해 볼 만한 경험이었던 것 같다.

3

초보를 위한
금융상품 공부 순서

가지고 있는 자산이 얼마 되지 않는 사람이라면 '투자할 자금도 얼마 안 되는데 벌써부터 투자를 공부할 필요가 있을까? 어느 정도 돈을 모아 둔 다음에 공부를 시작하면 되지 않을까?' 하고 생각할 수도 있다. 하지만 가지고 있는 돈은 많은데 초보 투자자인 상태라면, 위험 관리에 서툴러서 가지고 있는 돈을 몽땅 위험한 상품에 투자해 돈을 날려 버리는 일이 생길 수도 있다. 그래서 가지고 있는 자산이 적을 때부터 미리 많이 실패하고 경험을 쌓아 두는 쪽이 오히려 좋다. 빚을 지지만 않는다면 이때 실패하는 금액은 몇 달 열심히 저축하면 다시 모을 수 있는 금액이니, 실패하려면 이때 실패해야 한다! 또한 투자에서 가장 중요한 요소 중 하나라고 하는 것이 바로 '시간'

인데, 목표액을 모을 때까지 투자를 전혀 하지 않는 것은 바로 이 '시간'을 허공에 버리는 것과 마찬가지다. '복리의 마법'이라는 개념을 들어 봤는가? 오랜 기간 투자할수록 '복리'로 인해 수익률도 높아지고, 시장의 변동성으로 인한 투자의 위험성도 낮아지는 효과가 있다. 그러니 일단은 시작해 보자!

앞에서 기본적인 경제, 금융 지식은 가지고 투자를 해야 엉뚱한 실수를 막을 수 있다고 했다. 하지만 투자를 실제로 하고 있지 않은 상태에서 관련 공부를 하는 것은 지루하고, 관심을 오래 지속하기도 쉽지 않다. 실제로 투자를 시작하면 자신이 돈을 넣고 있는 분야에 관심이 생기기 때문에 열심히 공부를 하는 데에도 도움이 된다.

하지만 그런 공부를 어떻게 시작해야 할지조차 모르겠는 초보들에게 내가 권하는 투자 공부 순서는 예적금 → CMA → 채권(국채, 회사채, RP) → ETF(인덱스펀드) 순이다. 해당 상품들에 대해 알아보고, 돈을 운용하다 보면 다양한 금융상품들에 대한 기본적인 이해도를 차근차근 높일 수 있다. 투자 리스크 또한 순서대로 높아지는데, 채권부터는 손실위험을 어느 정도 가지고 있는 투자상품이기 때문에 주의하여 운용하도록 하자. 자신이 잘 모르는 상품에는 큰돈을 넣지 말고, 처음 손실위험이 있는 상품에 투자할 때는 수익률을 목표로 하지 말고 일단 공부하는 것만을 목표로 소액으로 경험을 쌓아 보도록 하자.

예적금

예적금을 아직 5개 이상 들어 보지 않았다면 우선 이것부터 5개 채워 보기를 추천한다. '예적금은 너무 기초 아니야?'라고 할 수도 있지만 나는 예적금이야말로 돈 관리에서 가장 중요한, 돈을 차곡차곡 모으는 감각을 가장 간단하게 익힐 수 있는 금융상품이라고 생각한다. 1년짜리 적금을 만기까지 모아 보지 않은 사람이 10년짜리 저축 목표액을 달성하기란 어려운 법이다.

다양한 투자를 하게 되더라도 현금 확보란 언제나 중요하다. 모든 저축을 바로 빼기 힘든 특정 자산군에 넣어 놓는다면 위급한 일로 돈이 필요해지거나 좋은 자산을 저렴하게 사기 좋은 기회가 왔을 때 곤란해질 수 있다. 그렇기 때문에 많은 투자자들이 50%는 현금으로 확보해 놓아야 한다고들 한다. 그럼 그 현금은 어디에 둘 것인가? 이자도 생기지 않는 입출금 계좌에 넣어 둘 것인가? 그럴 때 가장 안전하고 보편적으로 활용할 수 있는 금융상품이 바로 예적금 상품이다. 또한 좋은 금리를 가진 예적금 상품을 찾아다니다 보면 자연스럽게 금리에 대한 지식도 어느 정도 쌓을 수 있다. 금리는 가장 기본이 되는 개념이기 때문에 여러모로 초보에게 도움이 되는 시작점이라고 볼 수 있다.

나 또한 돈 공부를 시작하고 가장 초기에 시도했던 투자 방법 중 하나가 바로 예금 풍차 혹은 적금 풍차였다. 지금은 하고 있지 않지만 이제 막 저축을 시작하는 사람에게는 저축에 재미를 붙여 주는 아주 좋은 시스템이라고 생각한다.

'예금 풍차'란 매달 일정 금액을 1년 정기예금에 가입하고, 만기가 되면 1년 정기예금에 다시 가입하는 방법이다. 매달 1년짜리 정기예금을 가입하게 되면 총 12개의 정기예금에 가입하게 되는데 1년이 지나면 매달 예금의 만기가 돌아와 원금과 만기이자를 받을 수 있다. 그리고 그 원금과 이자로 다시 1년 정기예금에 가입해 복리 효과를 누리는 저축 방식이 바로 '예금 풍차'다. 원금손실 위험이 없고 복리를 적극 활용할 수 있다는 점이 장점이다.

다만 정기예금은 보통 최소 100만 원 이상부터 가입 가능한 상품이 대부분이다. 아마 매달 100만 원씩 저축하는 것이 어려운 사람들도 있을 것이다. 그럴 때는 '적금 풍차'부터 시작하는 것도 좋다. 자유적금의 경우 천 원부터 가입 가능한 상품도 있기 때문에 매달 적금에 새로 가입하는 식으로 '적금 풍차'를 만들고, 1년 후 만기가 돌아오면 그 원금과 이자로 예금에 가입해 '예금 풍차'를 돌리는 것이다.

다만 '적금 풍차'의 경우 주의할 점이 있다. 시간이 지나 적금 계좌가 N개월씩 늘어날수록 납입해야 하는 계좌와 납입금도 N배가 된다는 점이다. 12월 차에는 납입해야 하는 금액이 첫 달에 비해 12배가 되기 때문에 적금 납입금은 그 점을 염두에 두고 설정하도록 하자. 또한 사정이 생겨 저축하기 힘든 달이 있을 수도 있기 때문에 정액적금보다는 자유적금으로 가입해서 납입금을 줄이더라도 가급적 끝까지 완주할 수 있도록 노력하는 것이 좋다.

예금 풍차와 적금 풍차의 좋은 점은 풍차를 돌리는 동안 항상 예적금 상품에 관심을 가지게 되기에 적어도 가장 기본적인 금융상품인 예적금 상품에 대해서만큼은 탄탄한 이해도를 갖게 된다는 점이다. 또한 예적금 상품에 부담이나 두려움이 사라진다. 돈 공부를 시작한 이후부터만 꼽아 본다고 해도 나는 지금까지 예적금을 40개 이상 만들었는데, 시기별로 적금의 금리를 보면서 경제의 흐름도 어느 정도 파악할 수 있게 됐다. 예적금의 금리는 경제 사이클의 변화에 영향을 받기 때문에 이후 거시경제에 대해 공부할 때 자신의 삶에 실제로 영향을 주었던 이런 사례가 경제를 이해하는 데에 도움을 줄 것이다.

다만 예적금 풍차를 추천하지 않는 전문가들도 많다. 이유는 금리가 낮아지면서 수익률이 너무 낮아졌기 때문인데, 나도 이 부분에 어느 정도 동의하는 바이고 같은 이유로 현재는 더 이상 예적금 풍차를 하고 있지 않다. 하지만 이제 막 금융 공부를 시작하는 초보자와 안전하게 큰 금액의 종잣돈을 모아야 하는 사람에게는 이 방식을 추천한다.

참고로 예적금 상품 중에는 근로장려금 수급자 우대 적금이나 청년희망적금, 취약계층 우대 상품 등 고금리의 이율을 받을 수 있는 우대 상품도 있기 때문에 예적금을 들기 전에 본인이 이런 상품들에 가입이 가능한지 한 번씩 알아보도록 하자.

CMA

'CMA'란 예탁금을 어음이나 채권에 투자하여 그 수익을 고객에게 돌려주는 실적배당 금융상품으로 간단하게 말하자면 매일 이자가 붙는 입출금통장이라고 보면 된다. 다만 은행이 아닌 증권사에서 만들 수 있다. CMA에도 RP형, MMF형, MMW형 등 다양한 종류가 있는데, 이자가 붙는 입출금통장 용도로 이용한다면 내가 추천하는 것은 가장 안정성이 높은 RP형이다.

CMA는 증권사 애플리케이션이나 지점에 방문해 가입할 수 있는데, 만드는 방법은 은행 계좌를 만드는 것과 큰 차이가 없으니 걱정하지 않아도 된다. 처음 만들 때는 은행 계좌와 다른 몇 가지 정보를 입력해야 하는 것 때문에 헤맬 수 있지만, 인터넷에서 가입 방법을 검색해서 참고하면 30분 정도면 가입할 수 있다. 나는 CMA를 10개 가까이 가지고 있는데, 익숙해지면 가입하는 데 10분도 걸리지 않는다.

매일매일 이자가 붙고 상시 입출금이 가능하기 때문에 2, 3달 치 생활비 정도의 예비자금을 넣어 놓는 용도나, 이후에 쓰일 곳이 있어 예적금 등의 상품에 장기적으로 묶어 둘 수는 없는 돈을 잠시 넣어 두는 용도로 쓰면 좋다. 또한 최근에는 CMA가 아니라 제1금융권의 입출금통장에도 계좌 속 별도의 시스템에 돈을 보관해 두면 매일 이자를 주는 서비스가 생겼는데, 조건을 비교해서 더 나은 쪽을 활용하는 것도 좋다. 다만 증권사 CMA는 은행의 입출금 계좌와는 다르게 예금자보호가 되지 않는다.

그리고 CMA는 가입할 때, 증권사 계좌인 만큼 해당 계좌로 주식거래를 할지 말지 선택할 수 있는데, 딱히 별 이유가 없다면 주식거래가 가능한 계좌로 만드는 것이 좋다. 주식거래를 꼭 해야 하는 것은 아니지만 이후에 필요할 경우 새로운 계좌를 또 만드는 번거로움을 피할 수 있다. 또한 증권사마다 신규 가입 이벤트를 하는 경우가 있는데, 선호하는 증권사가 있는 것이 아니라면 주식거래 수수료 평생 무료 이벤트를 하고 있는 증권사의 CMA를 만드는 것을 추천한다.

채권

채권은 금융을 공부하다 보면 자주 들을 수 있는 금융상품 중 하나다. 금융시장은 경제 상황에 큰 영향을 받기 때문에 투자를 할 때는 거시경제의 흐름을 파악하는 것이 중요한데, 채권에 대한 이해도가 높아지면 경제 흐름을 읽을 때도 큰 도움을 받을 수 있다. 금융투자의 선택지도 훨씬 넓어지니 본격적으로 투자를 시작하기 전에 채권이 무엇인지 알아보고, 가능하면 실제로 투자도 해 보는 것을 추천한다.

'채권'이란 쉽게 설명하면 돈을 빌린 이가 돈을 갚겠다고 쓴 증명서, 차용증이라고 보면 된다. 그리고 '채권매매'란 바로 그 '빌린 돈'과 '이자를 받을 권리'를 매매하는 것이다. 예를 들어, A가 B에게 100원을 빌려주고 일 년 뒤 이자 10원과 원금을 돌려받기로 약속하고 차용증을 썼다. 그런데 A가 일 년이 지나기 전에 돈이 필요해졌다. 그래서 이 차용증을 C에게 105원에 팔았다. 이제 C는 돌려받기로 한 기한이 되면 B에게 110원을 받기 때문에 5원의 이익을 얻는다. 여기서 차용증이 바로 채권이고 A가 C에게 차용증을 판 것이 바로 채권매매다.

채권으로 이익을 얻는 방법으로는 만기가 되었을 때 채권 자체에 책정된 금리(이자)로 이익을 얻는 방법과, 만기가 되기 전에 채권을 구매한 금액보다 비싸게 판매하여 그 차액으로 이익을 얻는 방법이 있다.

채권에는 국채, 회사채, 금융채 등등 다양한 종류가 있는데, 통상적으로 거시경제 이야기를 할 때 등장하는 '채권'은 국채를 말하는 경우가 많다. 채권은 종류에 따라 안정성이 천차만별이기 때문에 채권을 발행한 주체가 상환을 이행할 능력이 있는지를 반드시 염두에 두고 투자해야 한다.

위험한 채권일수록 금리를 높게 책정하는 편인데, 그러지 않으면 아무도 위험한 채권을 구매하려 하지 않기 때문이다. 채권을 구매할 때는 단지 높은 금리뿐만 아니라 안정성 또한 반드시 비교해야 한다. 안정성이 가장 높은 채권 또한 역시 국가가 발행한 '국채'다. 국채는 국가가 부도나지 않는 이상 상환받을 수 있다. 그래서 국채는 금리가 높지 않은 편이지만 안정적인 투자와 리스크 분산을 위해 많이 이용된다.

채권은 주식과 다르게 처음부터 이자가 확정되어 있어 주식처럼 큰 폭으로 주가가 떨어지는 경우는 적은 편이다. 그래서 발행 주체의 부도 위험성만 파악하면 큰 손실을 입을 가능성이 적다는 점이 장점이다.

분산투자의 경우 리스크가 낮은 포트폴리오를 구성할 때 채권을 병행하는 경우가 많다. 채권 자체의 안정성이 높다는 점도 있지만 채권은 단기적으로 주식시장이 하락할 때 반대로 가격이 오르는 움직임을 보이기 때문이다. 그래서 주식시장에만 투자했을 때보다 하락장에서 수익률이 떨어지는 것을 방어할 수 있다. 다만 최근에는 주식과 비슷한 양상을 보이는 경향이 생기면서 채권의 리스크 헤지*

* 위험(변동성)에 대해서 미리 대비책을 세우는 것. 주식시장이 불안할 때 안전자산인 금이나 실물자산에 미리 투자하여 손실을 최소화하는 등의 대비책을 마련한다.

효과가 과거보다 줄어들고 있다는 의견이 있다.

채권매매는 채권 자체를 직접 매매하는 방법이 있고, 아니면 비슷한 채권 상품군을 모아 그 상품군의 평균 가격(지수)대로 움직이는 금융상품(채권 펀드)을 매매하는 방법도 있다. 증권사에서 판매하는 채권(장외채권)을 구매한 적이 있는데, 시스템 자체는 적금과 크게 다르지 않았다. 이자가 높았고, 증권사가 망하지 않는 한 문제가 없는 안정성이 높은 채권이었고, 문제없이 만기까지 이자를 잘 받았던 기억이 난다. 채권은 주식보다는 안정성이 높은 금융상품이기 때문에 안정성이 크게 떨어지는 채권이거나 채권 가격이 엄청 높은 시기가 아니라면 일단 투자해서 상품에 대한 경험을 쌓아 보는 것도 나쁘지 않다.

다만 채권을 구매하고 만기까지 보유한다면 부도 외의 리스크는 별로 없겠지만, 구매한 채권을 판매할 경우에는 채권 가격의 변동으로 손실을 볼 가능성이 있다는 점을 알아 두자. 주식보다는 변동성이 낮은 편이지만 경제 흐름과 채권발행 주체에 대한 이슈 등으로 채권의 가격 또한 하락할 수 있다.

ETF

'ETF(Exchange Traded Fund)'란 현대 주식투자의 꽃이라고도 불리는 상품으로 주식처럼 개인이 사고팔 수 있는 펀드를 말한다.

펀드는 아마 많이들 들어 봤을 텐데, 특정한 목적을 위해 모인 자금을 자산운용회사가 투자자들을 대신해 운용하는 금융상품을 일컫는다. 예를 들면 내가 사고 싶은 주식 종목이 A, B, C, D, E 이렇게 다섯 개가 있다고 치자. 그런데 이 다섯 개가 각각 1주에 100만 원이라면 내가 딱 1주씩만 사려고 해도 500만 원이나 필요할 것이다. 근데 내가 가진 돈이 단돈 100만 원 뿐이라면? 그럼 이 중에 딱 한 가지 종목을 1주밖에 살 수 없을 것이다. 가진 돈 전부를 1개의 종목에 넣어야 하는 것이다. 당연히 이런 투자는 위험도가 높아진다. 100만 원보다 가진 돈이 적다면 애초에 투자를 할 수도 없고 말이다.

근데 누군가 이 다섯 개의 종목을 전부 사서 그걸 한 묶음으로 만든 다음, 그걸 또 잘게 쪼개어 5만 원어치씩 나눠 판다면 어떨까? 그럼 우리는 가지고 있던 돈으로 원하던 다섯 개의 종목을 전부 조금씩 가질 수 있게 된다. 단돈 5만 원만 가지고 있던 사람도 말이다. 여기서 '누군가'란 자산운용사이고 '묶음'이 바로 펀드다.

펀드는 소액으로 투자가 가능하고 분산투자로 안정성이 높아진다는 장점이 있다. 그러나 펀드에는 단점 또한 있다. 첫째, 거래가 번거롭다. 둘째, 수수료가 높으며 내가 원할 때 돈을 넣고 빼기가 힘들다.

이러한 단점을 없앤 상품이 바로 ETF다. 펀드와 똑같이 소액으로 거래가 가능하고, 분산투자도 할 수 있는데, 거래도 쉽고, 수수료도 낮다. 이쯤 되면 ETF가 왜 현대 주식투자의 꽃이라고 불리는지 알 수 있을 것이다.

금융투자의 초보라면 ETF 중에서도 인덱스 ETF를 추천한다. 인덱스(index)는 '지수'라는 뜻을 가지고 있는데, 증권시장에 상장된 종목의 전체적인 주가변동을 종합한 지표를 '주가지수'라고 한다. 이 중 대표적인 주가지수가 주식시장의 흐름을 보여 준다. '주식시장이 상승장이다', '하락장이다'라고 할 때는 한 가지 종목이 상승하거나 하락할 때 이야기하는 것이 아니라 보통 이 주가지수가 상승, 하락하는 것을 기준으로 이야기한다. 그리고 이러한 주가지수는 각 국가별로, 업종별로 분류하곤 하는데 한국의 주가지수로는 많이 들어 봤겠지만 코스피, 코스닥이 있다.

그리고 특정 지수의 수익률을 모방하여 만들어진 펀드가 바로 '인덱스펀드'다. 만약 증시가 1년에 15%가 올랐다 하면 그 주가지수를 모방한 인덱스펀드도 15%가량의 수익률을 내게 되는 것이다(상품별로 약간의 오차가 있을 수 있다). 시장 자체에 투자하는 인덱스펀드는 개별 종목보다 변동성이 적어 안정적이며, 기업들은 기본적으로 성장하기 때문에 그 기업들을 모은 주가지수도 역사적으로 언제나 유의미한 수익을 내 왔다(현재까지는 그렇다).

초보자라 어떤 회사의 주식을 사야 할지 잘 모르겠고, 비교적 안정적인 주식투자를 하고 싶다면 개별주보다는 이러한 코스피나 코스피200 등의 인덱스 ETF부터 투자하는 걸 추천한다. 미국 주식에 관심이 있다면 다우지수나 S&P500도 나쁘지 않다. 나 또한 운용보수가 훨씬 적게 들고 간단하게 사고팔 수 있다는 점에서 펀드가 아니라 ETF로 투자하고 있다.

지속 가능한 투자를 위한
리스크 관리

투자는 리스크 관리가 8할이라고 생각한다. 투자에서 리스크란 '손실을 입을 가능성'을 뜻한다. 그리고 리스크 관리를 제대로 하려면 자기 삶의 목적지가 어디인지, 필요한 수익률 또한 얼마인지 정확하게 알고 전략을 짜야 한다. 자신이 목표로 하는 삶에 그저 은행 이자보다 조금 더 유의미한 수익이면 충분한지, 아니면 경제적 자유를 위한 연 10% 내외의 수익이 필요한지, 또는 연 30% 이상의 고수익이 필요한지, 또는 투자로 단기간에 인생 역전 할 수 있는 수준의 수익이 필요한지 말이다. 이 중 어느 것을 목적으로 하는지에 따라 투자하는 방식이 완전히 달라진다.

자신의 목표를 이루는 데 굳이 높은 위험을 가진 투자가 필요하지 않다면 하지 않아도 된다. 돈을 벌 수 있는 수단이 있다고 굳이 모든 수단을 전부 사용할 필요는 없다. 도박으로 큰돈을 벌 가능성이 있다고 굳이 도박을 해야 하는 건 아닌 것처럼 말이다. 중요한 것은 원하는 수익만큼의 손실을 내가 감당할 자신이 있는가다. 50%의 수익을 원한다면 50%의 손실도 감당할 수 있어야 한다. 만약 감당할 수 없을 것 같다면 그런 투자는 해서는 안 된다.

최악의 목표는 '그냥 투자로 수익을 얻고 싶다. 크면 클수록 좋고' 식의 목표가 아닐까 싶다. 이건 목표가 없는 것이나 마찬가지다. 크면 클수록 좋다고 생각하기 때문에 리스크 관리 또한 불가능하다. 리스크를 판단할 수 있는 기준이 없기 때문이다. 그래서 이런 생각을 가진 사람들은 종종 자신이 감당할 수 없는 수준의 큰 위험을 동반하는 투자에 손을 대기도 한다.

이런 리스크 관리에 필요한 것은 '탐욕'을 절제하려는 마음이다. 리스크를 줄인다고 무조건 수익이 줄어드는 것은 아니나, 아무래도 수익의 최대 상승 폭은 낮아질 수가 있다. 나는 10%를 벌었는데 남이 50%를 버는 것을 보면 아무래도 나도 그만큼 벌고 싶은 욕심이 난다. 그때는 내가 원하는 목적지가 어디였는지, 그리고 그것을 위해 필요한 수익률은 얼마였는지를 다시 한번 인식하자. 조급하게 굴며 큰 리스크를 감당하려고 하지 말자.

주식과 같은 투자는 사람의 탐욕을 지속적으로 자극한다. 조금만 더 위험을 감수하면 더 큰 수익을 얻을 수 있다고 끊임없이 유혹한다. 하지만 시장의 모든 수익을 내가 가지는 것은 애초에 불가능하고, 그런 탐욕은 영원히 채워질 수 없는 종류의 것이다. 바닥이 없는 탐욕에 빠지면 수익을 극대화하려는 마음에 빚을 지고 위험한 상품에 투자하기도 한다. 경제적 자유를 위해서 주식투자를 권하면서도, 공부 없이 하는 것을 말리는 이유는 이것 때문이다. 금융과 투자에 대해 충분히 이해하지 못한 상태에서는 어떤 것이 리스크가 높은지도 알지 못하고, 탐욕과 공포를 절제하는 것 또한 어렵다. 이런 이유로 주식시장에서 가장 중요한 것은 마음 관리, 멘탈 트레이닝이라고 하기도 한다. 하지만 사실 나는 그보다 리스크를 객관적으로 판단할 수 있는 능력이 더 중요한 것이 아닐까 생각한다.

나는 자신이 목표로 하는 수익률을 얻을 수 있는 더 안전한 방법이 있다면 굳이 플러스알파를 위해 위험을 감수할 필요는 없다고 생각한다. 인간의 뇌는 문제가 생겼을 때 그걸 해결하려고 하는 습성이 있다. 문제가 명확하지 않다면 해결 방법을 찾을 수도 없기 때문에, 명확한 목표 수익률과 자기 성향 파악으로 뇌에게 해결해야 할 문제를 부여해 주도록 하자.

기초적인 리스크 관리 기법

그럼 투자를 하면서 리스크를 관리하는 방법들에는 어떤 게 있을까? 우선 가장 유명하기에 누구나 알고 있을 만한 원칙이 바로 '분산투자'다. 특히 초보자일수록 한 가지 종목에 올인하는 것은 절대 금물이다. 초보자는 자신이 뭘 모르고 있는지조차 모르기 때문이다. 주식에서는 '절대'가 없고 아무리 오를 가능성이 높은 장, 차트여도 떨어질 가능성이 있다. 때문에 한 종목에 모든 자산을 투자하는 것은 리스크가 굉장히 크다. 이런 경우에는 회복에 오랜 시간이 걸리거나 큰 곤란을 겪을 수 있다.

분산투자는 단지 여러 회사의 주식을 산다든가 하는 식의 분산투자도 있지만 같은 투자 분야 내에서는 개별 종목도 함께 비슷하게 움직이는 경향이 있다. 그러므로 진정한 의미에서의 분산투자를 하기 위해서는 경제 상황에 따라 다른 움직임을 보이는 여러 자산군의 자산을 모으는 것이 좋다. 이것을 '포트폴리오'라고 한다. 앞서 주식투자를 할 때 채권투자를 병행하는 방법이 있다고 했는데 바로 이런 의미다. 이외에도 부동산이나 금, 원유, 달러, 원자재, 현금 등 다양한 자산군을 하나씩 공부해 나가면서 자신의 포트폴리오를 구성하는 것도 좋다. 직접 운용하는 것이 어렵다면 여러 자산군을 모아 운용하는 ETF/ETN 상품이 있으니 그런 것에 투자해 보는 것도 괜찮다. 여러 자산군을 직접 모아 운용할 때는 각 자산군의 비율을 주기적으로 조정하는 '리밸런싱'을 해 주면 수익을 좀 더 안정화할 수 있다. 예를 들어 주식 ETF, 금, 달러에 1:1:1씩 투자했다고 했을 때, 1년 뒤 가격에 변동이 생겨 1.2:1.1:0.9의 비율이 되었다면 오른 것은 팔고 떨어진 것은 추가 매수하여 다시 1:1:1을 맞춰 주는 것이다. 이러면 자동으로 해당 자산군이 비쌀 때 팔고, 저렴할 때 구매하는 것이 가능하다.

또 다른 방법으로는 매입 시기를 나눠서 구매하는 방법이 있다. 누구도 시장의 바닥과 천장을 예측할 수 없기 때문에 매입가를 안정시키기 위해 분할 매매를 하는 것이다. 투자에 시간과 신경을 쏟기 싫은 사람이라면 시장 상황과 상관없이 매달 기계적으로 매매하는 방법이 좋다. 다만 어느 정도 시장 상황을 읽을 수 있을 만큼 공부를 했고, 투자에 조금 더 신경을 써서 수익률을 높이고 싶은 사람이라면 주식이 충분히 저평가되었을 때 분할해서 매입하고, 충분히 고평가되었다고 생각되었을 때 분할해서 매도하는 식으로 사용하기도 한다.

물론 이런 식으로 본인의 의사가 개입되는 순간 투자자는 큰 스트레스를 받게 될 수도 있으므로 기계적 매매를 할지, 스스로의 판단으로 매매를 할지는 본인의 선택이다. 다만 어떤 투자법이든 본인이 감당할 수 없을 만큼 큰 스트레스를 주는 투자법은 지속 가능하지 않다는 점을 염두에 두자.

그 외에도 과거 데이터를 기반으로 기계적으로 매입·매수 시점을 정해 투자를 하는 '퀀트 투자'라는 것도 있다. 나 또한 투자에 큰 시간과 기력을 쏟고 싶지 않아 어느 정도 이상의 수익을 얻으면서 리스크는 줄이는 자동 시스템을 만드는 것에 신경을 쓰고 있는데, 퀀트 투자의 데이터를 그 시행착오를 줄이는 데에 이용하고 있다.

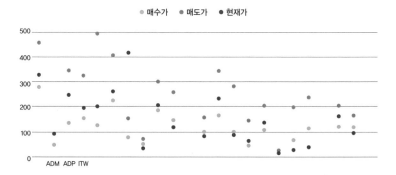

지금까지 시도해 본 투자법 중 가장 큰 수익을 가져다준 시스템은 과거 배당률 데이터를 이용해 안정성이 인증된 배당주의 저평가, 고평가 금액을 뽑아 그 금액에 도달하면 매매하는 시스템이었다. 이것을 위해 20년 이상 매년 배당을 늘린 소위 배당귀족* 종목 중에서도 배당성장률이 높은 종목들만 뽑은 후, 하나하나 직접 주가 그래프를 보며 저평가 금액, 고평가 금액을 산출했다. 그리고 구글 스프레드시

---

* 오랫동안 배당금을 늘리며 지급해 온 기업

트로 주가가 실시간으로 연동되는 그래프를 만들어, 주가가 그래프에서 저평가, 고평가 구간에 진입하면 매매하는 식의 시스템을 만들었다. 배당률이 높은 저평가 시점에 매수해서 배당률이 낮은 저평가 시점에 매도할 수 있게 되기 때문에 매매차익뿐 아니라 높은 배당까지 얻을 수 있는 투자 방법이다.

투자할 종목을 가려내고, 데이터를 산출하고, 구글 스프레드시트로 자동 연동 그래프를 만드는 데에 꼬박 두세 달 정도를 쏟아부었지만 한 번 만들어 두고 데이터 손질만 해 주면 몇 년 정도는 꾸준히 사용할 수 있는 시스템이기에 만족하고 있다. 참고했던 책에서는 금액을 산출하는 방법만 알려 주었는데 구글 스프레드시트로 정리한 후, 시각적으로 바로 타이밍을 확인할 수 있도록 자동 연동 그래프를 사용하는 방식으로 좀 더 발전시켜 보았다.

그 외에도 나의 경우엔 리스크 관리의 일환으로 어느 정도 변동성이 검증된 분야에만 투자하는 편이다. 이미 수십 년 이상 시장의 움직임을 관찰할 수 있었고, 그에 대한 연구도 무수히 진행된 주식시장과 부동산시장조차 그 누구도 미래에 어떤 원인으로 시장이 요동칠지 예측할 수 없다. 수십 년간 움직임이 기록되고 연구된 시장조차 위험한데 새롭게 생긴 투자시장은 리스크를 예측할 수 없다는 점에서 이미 큰 리스크를 가지고 있다고 생각한다. 물론 그런 시장일수록 큰 수익을 얻을 수 있는 가능성도 높다고 하지만, 큰 리스크가 있는 것도 분명하기 때문에 나는 장기간 변동성이 검증되었다는 판단이 들지 않는 분야에는 거의 투자하지 않는다.

이외에도 투자의 위험을 줄이기 위한 다양한 방법들이 있지만 이 책은 기본적으로 이제 막 돈 공부를 시작한 사람을 대상으로 하는 책이기 때문에 아주 기본적인 몇 가지 기법들만 소개해 보았다. 투자 시스템을 업그레이드하고 싶은 사람은 스스로 공부하여, 본인이 목표로 하는 수익률을 얻을 수 있는 한도 내에서 리스크를 최대한 줄이기 위해 여러 방법을 적용하고 연구해 보도록 하자.

나의 경우에는 주식시장에 대한 이해도를 높이려는 목적으로 초반 1년에 다섯 개 이상의 투자 분야에 투자하는 것을 목표로 했다. 그렇게 다양한 상품에 투자하면서 확실히 전체적인 금융 이해도도 높아지고 나에게 잘 맞는 투자 시스템을 만들어 가는 데에도 도움이 되었다. 초기에는 공부한다는 마음으로 우선 다양한 경험을 해 보며 자신에게 잘 맞는 투자상품과 방법에는 어떤 것들이 있을지 탐색해 보도록 하자.

주식투자를 하는 이유

자산을 불리는 재테크 방법은 다양한데 왜 '투자'라고 하면 다들 주식투자를 떠올릴까? 그 이유는 일반인이 소액으로 할 수 있고, 많은 시간과 노력이 필요하지 않고, 성장 가능성이 있고, 비교적 안전하게 검증된 시장에서 지속적인 소득을 얻을 수 있는 유일한 금융상품이 주식투자이기 때문이다. 이 조건에서 대체 가능한 다른 자산군은 거의 존재하지 않기 때문에 많은 사람들이 주식을 한다(시드머니가 커진다면 선택지가 넓어지지만 그렇지 않은 상황에서는 주식 정도뿐이다).

다만, 주식이라고 전부 같은 주식투자가 아니라는 점을 유의해야 한다. 경제적 자유를 위한 주식투자는 장기적으로 지속 가능한 수익을 만들어 주는 인덱스투자, 혹은 우량주의 장기투자 정도로도 충분하다. 소위 단타라고 불리는 단기 트레이딩은 단기간에 큰 수익을 올리는 것을 목표로 하는 사람들이 많이 하는 매매 방법인데 사실 이런 투자법은 경제적 자유가 목표인 사람에게 꼭 필요한 투자 방법은 아니다.

단기투자는 장기투자에 비해 훨씬 많은 공부와 노력, 시간이 필요한데, 그럼에도 불구하고 실패할 가능성이 큰, 리스크가 높은 매매 방법이다. 거기다 공부와 노력이 수익으로 돌아온다는 확신도 없고 스트레스 또한 크다. 그래서 나는 단기투자를 하지 않는다.

또한 주식이 단기간에 큰돈을 벌 수 있는 시장이라고 사람들이 생각하는 것과는 다르게, 주식투자 1, 2년으로 거부가 되었다는 사람은 없다. 그 이유는 주식투자 실력을 키우는 데에는 경험이 굉장히 큰 역할을 차지하는데 주식시장에서 다양한 장을 경험해 보려면 오랜 시간이 필요하기 때문이다.

그러니 앞으로 좀 더 다양한 파이프라인이나 경제 지식, 경험을 쌓기 위해 주식 공부를 꾸준히 할 것이라는 각오가 되어 있는 사람이라면 주식투자는 일찍 시작할수록 좋다. 주식은 특히 경험이 큰 역할을 하는 시장이기 때문에 아직 자산이 적어 유의미한 수익을 내기 힘들다고 해도 우선 전체자산의 20% 이하로 투자해 보면서 경험과 지식을 쌓는 편을 추천한다. 그리고 점점 투자에 대한 이해도가 높아지고 본인만의 스타일과 원칙이 생겼을 때, 본격적으로 투자해 보도록 하자.

다만 주식은 원금이 보장되지 않는 투자이기 때문에 아무리 안전한 투자법이라고 해도 위험이 존재한다. 주식을 하면서 한 번도 손실을 보지 않는 건 불가능하다. 그렇기 때문에 앞으로 꾸준히 공부할 자신이 없다면 아예 시작하지 않는 것이 나을지도 모른다. 손실뿐만이 아니라, 탐욕에 잠식당해 주식 거래에 중독이 되었을 때는 정말 돌이키기 힘들 수도 있기 때문이다. 본인의 자산이 충분하다면 꼭 주식투자가 아니라 좀 더 손실위험이 적은 부동산 등에 투자하는 방법도 있다.

만약 대출을 받아야 한다면

리스크 관리에서 가장 치명적인 행동은 앞에서 말했듯 빚을 져서 투자하는 행동이다. 물론 빚이 무조건 나쁘다고 생각하지는 않는다. 지금 당장은 자금이 부족하지만 지금 자산을 구매해 두면 미래에 이익이 될 것이라는 확신이 들 때, 자신이 감당할 수 있는 정도의 대출을 이용하는 정도라면 괜찮을 수도 있다.

하지만 손실 가능성이 낮은 자산이 아닌 이상 빚으로 투자를 하는 것은 권하고 싶지 않다. 내가 가지고 있는 한도 내에서 투자하는 것은 투자에 실패해도 내가 노동으로 벌어서 다시 모을 수 있지만, 빚의 경우는 무이자가 아닌 이상 빠르게 갚아야 하고, 갚지 못하면 이자로 빚이 더욱 커지는 시스템이기 때문이다. 만약 실패하기 이전에 투자로 어느 정도 큰 수익을 본 사람이라면 오히려 그때의 행운을 좇으며 빚을 갚기 위해 계속해서 위험한 투자를 하고 더욱 깊은 수렁으로 빠져들 수도 있다.

투자에서는 적절한 매매 타이밍까지 기다릴 수 있는 시간적 여유를 가지고 있느냐가 성패를 좌우하기도 하는데, 빚을 지고 있다면 시간적 여유가 부족하다는 점 때문에 실패하기가 더욱 쉽다. 그러니 그 시점에서는 본인이 리스크 관리에 서투르다는 것을 인정하고 일단 투자를 그만두자. 노동으로 빚을 갚는 것이 상황을 타개할 수 있는 가장 안전한 방법일 것이다.

투자를 위해 빚을 지는 것은 본인을 궁지로 모는 길이 될 수 있다. 돈은 목적이 아닌 수단이고, 우리의 목적은 행복한 삶이다. 돈을 조금 더 벌기 위해 불행해진다면 그것은 목적과 수단이 뒤바뀐 것 아닐까? 우선 본인이 어떠한 삶을 원하는지 명확히 인식하는 것이 언제나 중요하다는 것을 잊지 말자.

만약 부득이하게 대출을 받아야 하는 상황이 온다면 광고나 업체 쪽에서 먼저 권하는 대출은 피하도록 하자. 그러한 대출은 소위 대부업체, 제3금융권의 대출이 많은데, 이율이 높아 많은 이자를 내야 할 뿐만 아니라 받는 순간 연체하지 않아도 신용등급이 떨어질 수 있다. 특히나 신용카드의 리볼빙, 현금서비스 등은 신용카드를 이용한 서비스라 쉽게 생각하는 경우가 있는데 이것 또한 이자가 높은 편이고 신용등급에도 악영향을 주기 때문에 아예 선택지에서 제외하는 것이 좋다.

불가능한 상황이 아니라면 제1금융권의 대출을 우선하자. 절차가 어렵고 서류가 많을수록 좋은 대출이라고 할 수 있다. 만약 제2, 3금융권에서 실수로 이율이 높은 대출을 받았을 때, 이율이 낮은 제1금융권 대출 등으로 교체가 가능하다면 그쪽으로 갈아타는 식으로 이자를 줄이는 방법도 있으니 은행과 상담해 보자.

대출이 무조건 나쁜 것은 아니다. 제1금융권의 대출은 잘 갚는다는 전제하에 오히려 신용등급에 도움이 되기도 한다. 나는 신용카드가 거의 필요하지 않은데, 그럼에도 불구하고 신용등급 향상을 위해 신용카드를 사용하고 있다. 카드값을 갚는 행위 자체가 일종의 대출을 받고 그것을 갚는 것과 마찬가지이기 때문에, 돈을 잘 갚는다는 기록이 될 수 있기 때문이다. 그리고 이런 기록은 이후 대출이 필요해졌을 때 도움이 된다. 나는 프리랜서이기 때문에 대출을 잘 받기 힘든 직종인데, 이후에 대출이 필요할 때 조금이나마 도움이 될까 하는 생각에 신용카드를 사용하고 있다.

또한 예적금이나 주택청약 등이 있다면 저축을 담보로 대출을 받을 수 있다는 것도 알아 두자. 급하게 돈이 필요할 때 예적금, 청약 등을 깨지 않아도 된다.

수익률을 체크할 때 주의점

나는 매 연말연시마다 한 해의 자산관리 성적표를 체크한다. 한 해 동안의 수입과 지출을 체크해서 목표 수입과 예상 지출을 비교한 다음 달성했다면 기뻐하고 실패했다면 원인을 분석한다. 또한 경제적 자유를 위한 연 목표 자산소득의 몇 %를 달성했는지도 확인한다.

이때 중요한 것은 자신의 전체 종잣돈 대비 수익률이다. 1억을 가진 사람이 100만 원을 투자해서 100% 수익이 났다고 치자. 수익률이 100%라는 점은 대단하지만 1억을 기준으로 본다면 1%의 수익이나 다름없다. 예금수익률보다 낮다.

반면, 누군가는 1억을 적절히 투자해서 7% 수익률이 났다고 치자. 수익률 100% 대 7%. 어쩌면 100% 수익률이 더 대단해 보일 수도

〈연간 자산관리 성적표〉

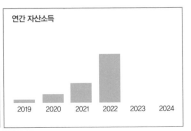

연간	자산소득	1차 경제적 자유 달성률	2차 경제적 자유 달성률
2019	₩980,566	10.20%	4.50%
2020	₩2,416,987	25.20%	11.20%
2021	₩5,988,982	62.40%	27.70%
2022			
2023			
2024			
2025			
2026			
2027			

* 2022년도 그래프는 8월까지의 자산소득을 참고하여 그려졌다.

있지만 사실 실제 수익은 100만 원 대 700만 원이다. 즉, 부분적인 수익률에 집중하지 말고, 전체적인 자산운용으로 인한 통합수익이 자신의 자산소득 목표액에 다다르고 있는지를 체크하는 것이 중요하다.

참고 자료

- 『절대로! 배당은 거짓말하지 않는다』, 켈리 라이트
- 『할 수 있다! 퀀트투자』, 강환국

시간에 투자하기

어리거나 젊은 사람들은 지금 당장 투자를 하고 싶다고 해도 운용할 수 있는 돈이 적을 것이다. 우선 소득이 너무 적거나, 공부를 하는 학생이라면 굳이 그때부터 하고 싶을 걸 참아 가며 저축하려고 할 필요는 없다고 생각한다. 왜냐하면 제대로 된 일자리를 구하고 돈을 벌게 되면 몇 달, 몇 년에 걸쳐 모았던 저축액을 한 달 만에 마련하는 것도 가능해져 그동안의 노력이 조금 허무해지기 때문이다. 나이에 따라 소비수준이 달라지고, 그 시기에만 할 수 있는 경험들이 있기 때문에 10대에서 20대 초반이라면 용돈이나 소액의 알바비 정도는 여러 경험이나 취미 생활에 써도 괜찮지 않을까 싶다(다만 이때도 약간의 경제적 에어백을 만들어 두거나, 소원상자를 활용해서 이루고 싶은 목표를 위해 저축을 하는 것은 아주 좋다고 본다).

그럼에도 불구하고 미래를 위한 투자를 시작하고 싶은 사람이라면, 돈 주고도 못 사는 '시간'에 투자하는 것을 추천한다.

주택청약

시간에 투자하는 것 중 하나는 바로 주택청약에 가입하는 것이다. '주택청약'이란 주택을 분양받을 의사가 있는 사람들의 가입에 한해, 이자와 더불어 나중에 분양 우선순위를 부여해 주는 저축제도다. 청약에 당첨되면 시세보다 저렴하게 주택을 분양받을 수 있기 때문에 많은 사람들이 청약에 당첨되는 것을 꿈꾸곤 한다. 내 집을 마련하고 싶은 의사가 있는 사람이라면 가입하기에 좋은 시스템이다.

공영주택의 경우 주택청약 납입 기간으로 점수가 높아지기(햇수 +1점) 때문에 매달 2만 원씩이라도 여유가 있다면 빨리 가입할수록 좋다. 만 19세 이하 최대 납입 인정 기간은 2년이다. 만 17세 이상이라면 일단 가입해 두도록 하자. 이후에 주택청약을 실제로 신청하지 않더라도 주택청약 이자가 나쁘지 않은 수준이라 적금을 든다는 느낌으로 가입하는 것도 나쁘지 않다. 성인이 되고 조건이 된다면 더 높은 이율을 주는 '청년 주택청약'으로 변경하는 것도 좋다.

주택청약의 월 납입 인정 금액은 2~10만 원인데 여유가 없다면 일단 2만 원씩이라도 납입하고, 여유가 있다면 10만 원씩 납입하면 된다. 24개월 선납도 가능하고, 중간에 납입하지 못해도 그동안 넣지 못한 금액을 나중에라도 납입할 경우 납입한 것으로 개월 수를 인정해 주기 때문에 '중간에 납입하지 못하면 어쩌지?' 하는 걱정은 안 해도 된다. 또한 납입해 온 기간과 가점이 사라질 뿐, 청약 해지는 언제든 자유롭기 때문에 부담 갖지 말고 우선 가입해 두자.

참고로 주택청약에는 공공 주택청약과 민간 주택청약, 두 가지가 있는데 각각 분양 우선순위 조건이 다르니 관심이 있는 사람은 주택청약에 대한 기본 지식을 알려 주는 서적을 한 권쯤 읽어 보는 것도 도움이 될 것이다. 나는 1인 가구라 공공 주택청약의 가점제 시스템으로는 근래에 분양받을 가능성이 매우 낮기 때문에 만약 청약을 넣는다면 민간주택 청약을 염두에 두고 있다.

민간 주택청약의 경우는 공공 주택청약만큼 저렴하지는 않지만 몇 가지 조건만 채우면 그 이후엔 오직 추첨으로 이루어지기 때문에 1인 가구 등 점수가 낮은 사람도 도전할 수 있다. 그러니 조건을 잘 알아보고 본인에게 맞는 방식의 청약 조건을 채워 두도록 하자. 민간주택 청약은 평수별로 필요한 예치금이 있는데, 언제 청약을 넣게 될지 알 수 없기 때문에 나는 청약계좌의 저축액을 400백만 원 이상으로 맞춰 두었다.

당첨 가능성이 낮으니 지레 안 될 것이라고 포기하는 사람들도 있는데, 청약 자체는 몇 번을 신청해도 아무런 손해가 없다. 떨어져도

열 번이든 서른 번이든 도전할 수 있으니 주택 구입을 위한 약간의 종잣돈이 모였다면 될 때까지 신청한다는 마음으로 우선 시도해 보면 어떨까?

ETF 적립식 투자

'ETF 적립식 투자'는 앞에서 소개한 인덱스 ETF를 매달 적금 들 듯이 적립식으로 투자하는 방법을 말한다. 앞에서 리스크 관리 방법으로 소개했던 '분산투자'와 '매입 시기를 분산해서 구매하는 방법'이 적용된 투자 기법이다.

ETF 투자는 자동으로 시장에 분산투자가 되기 때문에 개별주 투자의 리스크에서 벗어날 수 있고, 적립식으로 분할매수를 하면 장기적으로 매입가가 평균에 수렴하면서 상승과 하락을 반복하는 시장의 변동성 위험에서도 어느 정도 벗어날 수 있다. 때문에 ETF 적립식 투자는 주식투자 중에서는 안정성이 가장 높은 편이라고 볼 수 있다. 또한 소액으로 투자가 가능하다는 점도 장점인데, 국내 대표 인덱스 ETF 중 하나인 KODEX 200 ETF는 현재 1주당 3~4만 원 정도에 거래되고 있다. 그 말은 매달 3~4만 원으로도 투자가 가능하다는 뜻이다. 그보다 더 저렴한 1~2만 원대의 ETF로 투자하는 것도 가능하다.

적립식 투자에는 크게 두 가지 종류가 있는데 하나는 정액적립식, 또 하나는 정률적립식 투자다. 정액적립식은 매 주기마다 같은 금액으로 매입하는 방식이다. 예를 들면 매달 10만 원씩 매입하기로 정했을 때, ETF의 1주당 가격이 2만 원이라면 5주를 사고, 2만 5천 원이라면 4주를 사는 식으로 매입하는 것이다. 이런 매입 방식은 주가가 높아졌을 때는 매입을 적게 하고, 주가가 저렴해졌을 때는 매입을 많이 할 수 있다는 장점이 있다. 요즘엔 많은 증권사에서 자동 매입 시스템을 제공하고 있기 때문에 본인이 직접 매 주기마다 매입하지 않아도 되어서 편리하다.

정률적립식은 매 주기마다 같은 금액이 되도록 매입한다는 부분은 같지만, 이때 맞춰 가는 금액이 매수금액이 아니라 평가금액이라는 점이 다르다. 말하자면 첫 달 10만 원 어치의 주식을 샀는데 주가가 올라서 내가 가진 주식의 평가액이 12만 원이 되었다고 치자. 그러면 두 번째 달에는 플러스 10만 원으로 평가액이 20만 원에 맞춰지도록 8만 원어치만 구매하는 것이다. 그리고 반대로 주가가 떨어져 평가액이 7만 원이 되었다면 두 번째 달에는 13만 원어치의 주식을 매입해 20만 원을 맞춘다. 그리고 만약 그렇게 계속 매입을 하다 주가가 많이 올라 100만 원을 맞춰야 하는 10번째 달에 평가액이 110만 원이 되었다고 치자. 그러면 그 달에는 10만 원어치를 매도해서 100만 원을 맞추면 된다. 그러면 저렴할 때에 주식을 많이 사고 비싸지면 판다는 기본적인 주식매매 기법을 자동적으로 따르면서 투자하는 것이 가능해진다.

정률적립식 투자는 정액적립식보다 수익률이 조금 더 나은 투자법이지만 매 주기마다 투자자가 직접 맞출 평가액과 매입할 주식의 수량을 계산해야 한다는 점이 조금 번거로울 수 있다. 그리고 정률적립식 투자를 장기간 해서 평가액이 커지면 주가가 크게 하락했을 때는 매입해야 할 금액 또한 아주 커질 수 있다는 단점이 있다. 각자 장단점이 있기 때문에 두 방법 중 본인에게 맞는 방법을 사용하도록 하자.

이 투자 방법의 경우는 시스템이 간단하고 명확하기 때문에 투자자 개인이 판단하여 개입할 만한 요소가 적다는 점이 장점이다. 이게 뭐가 장점이냐 할 수도 있겠지만 투자에서 가장 위험한 것 중 하나가 바로 그때그때의 주관적 판단과 감정에 휘둘리는 것이다.

어리석지만 주가가 오르면 더 오를 것을 기대하며 팔기 싫어지고, 주가가 떨어지면 이보다 더 떨어지고 다시는 오르지 않을까 봐 무서워 팔고 싶어지는 것이 개인투자자의 심리다. 그리고 이 심리에 저항하는 것은 굉장히 어려운 일이다. 그래서 아예 이러한 판단 자체를 하지 않도록 시스템과 원칙을 만들고 기계적으로 투자하는 것이 오히려 도움이 될 수 있다.

아무리 자동 투자에 가까운 시스템이라도 직접 시장 안에서 투자를 해 보는 것은 단순히 차트를 보기만 하는 것과는 전혀 다른 경험치가 쌓인다. 주식은 얼마나 오랫동안 시장을 경험했느냐도 투자에 큰 영향을 끼치는 요소 중 하나이기 때문에 이런 의미에서도 단순한 기계적 매매라 해도 시장에 머무는 것은 일종의 '시간에 투자하기'라고 볼 수 있다. 물론 소액으로 주식시장의 복리의 마법도 이용할 수 있는 투자법이기도 하고 말이다.

직접 투자를 하는 것은 경제와 주식시장에 흥미를 유지하고 공부하도록 도와주는 요소 중 하나다. 그렇기 때문에 주식투자를 파이프라인 중 하나로 염두에 두고 있다면 월 몇 만 원씩이라도 좋으니 적금 들 듯이 적립식 투자를 시작해 보는 걸 추천한다. 나는 기본 지식 없이 위험한 단기투자를 시도하다 실패한 후 아예 시장에서 나와 몇 년간 투자를 하지 않았는데, 지금은 그 몇 년간 얌전히 적립식 인덱스 ETF 투자나 할 걸 그랬다고 후회하고 있다.

PART 4

목표를
달성하다

그러고 보니 예전에도 비슷한 경험이 있었다.

만화가로 데뷔했을 때에도 나는 데뷔하는 것이 골인 지점이라고 생각했는데

숙 주간연재지옥입성

데뷔는 끝이 아니라 기나긴 작가 생활의 스타트 지점이었던 것이다.

그런 반복된 경험으로

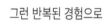

그 어떤 인생의 목표도 정말로 인생이 끝나지 않는다면 삶의 중계 지점일 뿐이구나.

하는 생각이 들었다.

반대로 생각하면 멋진 점은 어딘가에 도착해도 그곳에서 인생이 끝나지 않는다는 점이다.

48살에 프로그래머가 된 A씨

87세에 석사 학위를 딴 B씨

70세에 인기 만화가가 된 C씨

지금 어디에 있든 거기서 다시 새로운 도전을 할 수 있다.

지금은 구덩이 속에 떨어졌더라도 거기서 인생은 끝나지 않는다.

어디든 인생이라는 긴 길의 중간 지점이니까.

1

나에게 투자하기

어느 정도 경제적 여유가 생기기 시작하면서 나는 가계부 카테고리에 투자 카테고리를 만들었다. 이 카테고리는 금융상품에 대한 투자가 아니라 나에 대한 투자나 주변 환경에 대한 투자를 기록하는 카테고리다. 이런저런 공부를 하면서 나에 대한 투자를 아끼는 일은 오히려 손해를 보는 일이라는 걸 실감하기 시작했기 때문이다. 아직도 꽤 절약하면서 살고 있는 편이지만 삶의 즐거움에 큰 영향을 주는 것들과 능력과 생산성을 높일 수 있는 투자에는 돈을 아끼지 않으려고 하고 있다. 그래서 이번 챕터에서는 금융투자 이외의 부분에 내가 투자했던 것들을 이야기해 보겠다.

나의 능력에 투자하기

아무리 돈이 좋다 해도 역시 최고의 자산은 '건강'인 법이다. 최근 필라테스를 하고 있는데, 꽤 큰 비용이 드는 운동이긴 하지만 비용 대비 충분히 만족하고 있다. 이전부터 나는 혼자서 꾸준히 홈트레이닝을 해 왔는데, 허리통증이 좀 줄어들었을 뿐 몸 상태가 크게 개선되지는 않았다. 오히려 체중과 체지방량이 늘어나는 기이한 현상을 경험했다. 그런데 돈을 지불하고 식단을 하는 방법과 몸을 쓰는 방법 등 제대로 몸을 관리하는 법을 배우면서 체성분이 변하기 시작했다. 제대로 돈을 쓰고 전문가에게 배우는 것의 효과를 실감했다.

운동뿐 아니라 능력치를 키우는 것도 중요한 투자 중 하나라고 할 수 있다. 한 번 배운 것은 죽을 때까지 사라지지 않는 자산이다. 그래서 나는 일을 할 때도 새로운 경험과 공부를 할 수 있는 일을 고르는 편이고, 다양한 클래스나 세미나에도 종종 참가하며 서적 등에 들어가는 돈도 아끼지 않는다.

매달 초에 이북 플랫폼에 약 10~20만 원 정도를 충전해 두는데, 그럼에도 불구하고 월말이 되면 포인트가 다 떨어져 있는 경우가 많다. 간편하게 어디서든 읽을 수 있고, 물리적으로 공간을 차지하지도 않으며, 굳이 눈으로 읽지 않아도 TTS 서비스 등으로 들으면서 다른 일을 할 수도 있어서 좋다. 다양한 이북을 자유롭게 읽을 수 있는 월정액 서비스도 꾸준히 이용하고 있다. 내가 읽고 싶은 모든 책이

등록되어 있지는 않지만, 관심 가는 분야가 생겼을 때 비용에 대한 고민 없이 바로 해당 분야의 책을 찾아 읽을 수 있다는 점이 큰 장점이다.

나는 뭔가를 보고 읽는 것을 워낙 좋아해서 독서를 취미생활로 겸하기도 하는데, 뭔가를 만드는 직종이다 보니 자료수집과 연구라는 핑계로 다양한 콘텐츠에 쓰이는 문화생활 비용을 투자 비용으로 처리하곤 한다. 자신이 좋아하는 분야가 자기 계발과 겹치는 분야라면 투자를 명목으로 취미를 마구 즐길 수 있다는 것도 투자에 돈을 쓸 때의 일종의 장점이라고 할 수 있겠다.

주변 환경에 투자하기

'스스로에게 투자하기'에는 '나'라는 개인의 능력을 업그레이드하기 위한 투자도 있지만, '내가 속한 환경'이 더 쾌적해지고 효율이 좋아지도록 개선하는 방법도 있다.

다만 내가 속한 환경이 쾌적해지고 내 여유시간을 늘려 준다고 무조건 좋은 투자라고 하기는 어렵다. 여기서도 중요한 것은 우선순위다. 환경 개선으로 인해 시간이 얼마나 절약되는지, 자신이 그동안 얼마나 큰 스트레스로 정신적인 쾌적함을 방해받고 있었는지, 어느 정도의 비용이 드는지를 고려해야 한다. 즉 우선순위가 가장 높은 효율적인 투자는, 시행했을 때 많은 시간이 절약되고, 큰 스트레스 요소를 줄여 주며, 적은 비용이 드는 일이다. 그리고 그것이 업무와 관련된 투자라면 업무의 결과물을 얼마나 큰 폭으로 업그레이드 시켜 주는지도 포함되겠다.

가사 대행 서비스

만화업계에서는 작화 작업을 도와주는 도우미로서 어시스턴트를 종종 고용하곤 한다. 예전부터 나는 집안일 혹은 그 외의 잡다한 단순 작업이나 업무도 어시스턴트처럼 대신해 주는 사람이 있으면 좋겠다는 생각을 종종 해 왔다. 당시 나는 주간 웹툰 연재를 하고 있었는데, 안 그래도 빡빡한 주간 연재라는 시스템 내에서 혼자 일과 집안일을 다 해내는 것이 어려웠기 때문이다. 시간과 기력이 부족해지며 집이 엉망이 되어 가면서 이대로는 안 되겠다는 생각에 관련 서비스를 찾아보게 되었고 실제로 그런 서비스를 중개해 주는 애플리케이션을 찾을 수 있었다. 그리고 5~6년 전인 그때부터 나는 가사대행 서비스를 애용하고 있다.

지속적으로 비용이 든다는 단점이 있긴 하지만 큰 비용이 드는 일은 아니다. 엉망인 집안 상태가 지속되면 스트레스를 받게 되는데, 애플리케이션에서 간편하게 서비스를 신청하고 적당한 비용을 지불하는 것으로 주변 환경을 쾌적하게 유지할 수 있다는 장점 때문에 개인적으로는 아주 만족도가 높은 투자 중 하나다.

집안일을 하는 데 시간을 들이지 않아도 되니 그 시간에 다른 업무를 하며 생산성을 높이거나, 휴식으로 삶의 밸런스를 맞추는 데에 쓸 수도 있다. 그리고 내가 동일한 시간을 들여 스스로 집안일을 할 때보다 더 좋은 결과물이 나오곤 한다는 것도 빠뜨릴 수 없는 장점이다.

개인 비서 고용

나는 작년 말부터 원격 개인 비서를 고용하기 시작했다. 가사 대행 서비스가 내가 실제로 거주하는 물리적 환경을 개선하는 투자라면, 원격 비서 고용은 자잘한 자투리 업무로 인한 시간과 기력의 소모를 줄이는 투자라고 할 수 있다.

예전부터 나는 처리하기 귀찮은 자잘한 업무를 대신 처리해 주는 집사나 비서 같은 존재가 있으면 좋겠다는 생각을 하곤 했지만, 실제로 시도하지는 못했다. 내 수입이 크게 늘어나지 않는다면 비서를 고용할 만한 비용을 낼 수 없을 것이라고 생각했기 때문이다. 그러던 어느 날 한 외국인 저자가 쓴 책에서 외국인 원격 비서를 고용해서 업무 시간을 단축하는 내용을 읽게 되었다. 그 책은 꽤 유명한 책이었기 때문에 '한국에서도 누군가가 나와 같은 책을 읽고 개인 비서를 고용한 사람이 있지 않을까?' 하는 생각이 들었다. 다만 실제로 시도한 사람은 거의 없는지 검색을 해도 관련 글은 아주 적었는데 개중에서 누군가 같은 책을 읽고 실제로 외국인 개인 비서를 고용하고 그 과정을 전자책으로 개인 발행한 것을 발견했다! 해당 전자책이 외국인 개인 비서를 고용하는 방법과 관련 팁들을 꽤 세세하게 알려 주었기 때문에 나도 따라 할 수 있었다.

이전에도 개인 비서 구인 공고를 내려고 한 적이 있는데, 한국의 구인 구직 사이트는 사업자가 있어야만 공고를 낼 수 있는 경우가 대부분이었다. 하지만 전자책을 통해 사업자가 아니어도 이용할 수 있는 '링크드인'이라는 글로벌한 구인 구직 사이트를 알게 되었다. 사이트를 이용하는 방법이 익숙지 않아서 구인 공고를 게시하는 데 트러블이 조금 있긴 했지만, 결과적으로 나는 작년 말쯤 개인 원격 비서를 고용할 수 있었다.

과거에는 전업 비서처럼 월급을 많이 주어야 한다는 고정관념을 가지고 있었기 때문에 개인 비서 고용에 부담감을 가지고 있었다. 하지만 원격 비서의 경우 내가 필요할 때 메일로 일을 지시하고 주고받을 수 있어 업무 시간과 강도를 조절하여 비용을 낮출 수 있었다. 또한 한국어로 의사소통을 할 수 있어야 한다고 조건을 달아서인지 외국인이었지만 한국어를 아주 잘하는 분을 고용할 수 있었다. 그렇게 비용이 크게 부담되지 않는 선에서 한국어도, 엑셀도 잘하는 파트타임 원격 비서를 고용할 수 있었다.

앞에서 흔히 빠지는 함정에 대해 이야기했었다. 바로 일을 더 오래 많이 해서 수입을 늘려야 한다는 생각을 하는 것이다. 나 또한 과거에 '하루에 N시간 이상 일하기!'를 목표로 세운 적이 있다. 하지만 사실 자유로운 삶을 운영하기 위해서는 정반대의 목표를 세워야만 한다. '하루에 N시간 이상 일하지 않기' 같은 목표를 세워야 하는 것이다.

시간이 바로 삶이다. 무언가를 위해 시간을 쓰는 것은 그만큼의 삶을 그 일에 소비한다는 뜻이다. 하지만 시간은 무한하지 않다. 그 한정된 재화를 하기 싫은 일을 하는 데에 대부분 써 버리는 것이 과연 현명한 일일까?

목표로 삼고 있는 일상 속 당신보다, 지금의 당신이 더 오래 일하고 있다면 목표로 해야 하는 것은 일하는 시간을 줄이는 것이다. 나의 목표는 해야만 하는 업무는 일주일에 여덟 시간 이하만 하고 그 외의 시간에는 내가 하고 싶은 일을 하며 지내는 삶이다.

업무에 드는 시간이 당신의 목표보다 많은 상황이라면, 업무 시간을 줄이기 위해 노력하자. 하루에 여덟 시간을 일하고 있다면 다섯 시간만 일하기 위해 노력하고, 주 5일 이상 일하고 있다면 하루라도 적게 근무하는 것을 목표로 해 보자.

일을 많이 해야 한다는 함정에 빠지지 마라. 그리고 돈으로 시간을 살 수 있는 여유가 생긴다면 그쪽을 택하는 것도 고려해 보자.

이동식 업무 환경 구축하기

나는 집에서 머무는 기간이 일 년 중 절반 정도밖에 안 될 정도로 집 외의 다른 곳에서 머무는 기간이 길다. 나를 가장 즐겁게 하는 것들 세 가지 중에 하나가 바로 여행인데, 이런 생활을 지속할 수 있도록 이동식 업무 환경을 구축하는 것도 내 인생에 대한 투자 중 하나라고 할 수 있다.

'디지털 노마드'라는 용어가 있다. '디지털 유목민'이라는 뜻으로 인터넷 접속이 가능한 휴대기기를 가지고 공간의 제약을 받지 않고 자유롭게 이동하며 일하고, 생활하는 사람들을 말한다. 초반에 기기를 제대로 갖추지 않았을 때는 아무래도 집 외의 다른 공간에서 장기간 지내는 것에 어려움이 있었다.

당시 내가 주로 하던 업무는 크게 두 가지로, 하나는 만화나 그림 작업을 하는 것, 그리고 또 하나는 온라인 수업을 진행하는 것이었다. 집에는 제대로 된 기기가 갖추어져 있었지만 크기가 너무 크고 무거운 기기들이었기 때문에 휴대하며 사용하는 것은 불가능했다. 그래서 나는 새로운 휴대용 기기를 따로 구매하기로 결심했는데, 약 4~5년 전에는 제대로 된 휴대용 작업 기기들이 그다지 많지 않았다.

성능이 떨어지거나 휴대성이 조금 떨어지거나 너무 비쌌다. 고작 일 년에 몇 주정도 집을 떠나 있을 텐데, 기기에 큰 비용을 들인다는 것이 아깝다는 생각이 들었다. 그러다 최근 섬집에서 지내는 기간도 길어지고 휴대용 작업 기기들의 성능도 과거에 비해 아주 좋아지면서 작업 환경을 조금 업그레이드 했다. (섬집이란 아버지 고향인 시골 섬에 있는 빈집을 말한다. 아무도 쓰지 않아 방치된 창고 같던 집인데, 코로나19로 너무 답답하던 차에 삼 년 전쯤부터 종종 섬에 오가면서 사용하게 되었다. 아버지가 주방과 전등 등 이것저것 고쳐 주셔서 지금은 제법 집다워졌다. 지금 나는 펜으로 그림 작업이 가능한 윈도우 기반 노트북 하나와 큰 사이즈의 아이패드 프로3를 사용하고 있다.)

기기뿐만 아니라 이동식 작업 환경을 구축하는 데에는 클라우드 서비스를 이용해 데이터베이스를 백업하는 것 또한 필수다. 언제 어디서 어떤 기기로 작업을 하게 될지 알 수 없기 때문에, 자료들을 대부분 클라우드에 백업해 두고 사용하고 있다. 디지털 노마드를 지향한다면 단순히 작업 파일뿐만 아니라 계약이나 증빙 등에 필요할 수 있는 서류 등을 꼭 클라우드에 백업해 두는 것도 중요하다. 계약서나 신분증, 증명사진, 통장 사본 같은 것 말이다.

이런 서류를 백업해 두지 않으면 외부에 나와 있을 때 업무 처리를 위해 집으로 돌아가거나 재발급 처리를 받는 등 번거로운 과정을 거쳐야 한다.

이러한 투자 덕분에 내 작업 환경은 외부에서 거의 모든 작업을 할 수 있을 정도로 개선되었다. 덕분에 바다가 보이는 카페에서 지금 이 원고를 쓰고 있기도 하다.

게으름뱅이가 효율적인 시스템을 개발하는 경우가 있다고 한다. 반복, 단순 작업을 하는 것이 싫으니 단기적으로는 좀 더 큰 수고와 비용이 들더라도 자동으로 처리되는 시스템을 만들기 위해 궁리하는 것이다.

나의 경우, 가사 대행이나 개인 비서도 집안일이 하기 싫다거나, 자잘하고 귀찮은 업무가 하기 싫다는 게으름뱅이 같은 이유로 이용하기 시작했다. 또한 앞으로 계속해서 일에 매이고 싶지 않기 때문에 한 번 구축해 두면 계속해서 수입이 들어오는 수동적 소득을 위한 프로젝트와 기계적 투자 시스템을 만들기 위한 연구 또한 진행하고 있다. 단순 작업을 싫어하는 게으름뱅이라는 것도 단점만 있는 것은 아닌 것 같다.

장기적인 안목을 가지고 시스템을 만들 때는 당장 성과나 수입이 생기지 않을 수도 있다. 그렇기에 어느 기간 동안은 수입이 없어도 버틸 수 있는 자금이 필요하다. 지출을 줄이는 것과 저축을 통해 일정 금액(경제적 에어백)을 만들어 두는 것이 중요한 이유 중 하나다.

2

세미 경제적 자유를 달성하다

현재 나는 소기의 목표를 달성했다. 처음 금융 에세이를 쓰기 시작했을 때 부제로 내걸었던 '자산소득만으로 생활비를 충당하는 노동 탈출 경제독립 프로젝트'를 이룩한 것이다. 수동적 소득이라 시간이 지나면 줄어들 수 있으므로 조금 소심하게 '세미' 경제적 자유라고 부르고 있다.

하지만 자산소득으로 인해 내가 지금 일을 하지 않아도 생활을 유지하고 있다는 것은 부정할 수 없는 사실이다. 구글 스프레드시트를 사용해 돈 공부를 시작했던 초기부터 지금까지의 자산 상황을 수치와 그래프로 기록해 왔는데, 목표를 세웠을 때부터 단계적으로 목표를 잘 달성해 왔다는 생각에 뿌듯해진다.

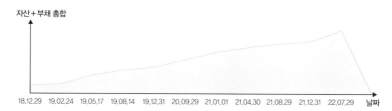

경제적 자유를 달성한 이후에 나는 상상만 하던 경제적 자유 이후의 삶을 경험하게 되었다. 물론 좋은 점도 있으나 예상치 못한 문제들도 있었다. 그 이야기를 조금 해 보도록 하겠다.

봄날의 햇볕 아래의 삶

목표를 달성하고 난 후 한동안 꽤 느긋하게 생활했다. 21년에는 텀블벅으로 단행본을 내거나 VOD 서비스를 론칭하거나 앤솔로지 원고를 그리는 등 이런저런 새로운 작업들을 하느라 조금 지쳤기 때문에 22년은 그동안 벌려 놓은 일들을 마무리하고 하고 싶던 공부와 취미를 하면서 한 해를 보내기로 정했기 때문이다. 근래에는 예상치 못하게 책을 쓰게 되어 예정과는 다른 분주한 나날을 보내고 있지만, 봄에는 섬에서 텃밭을 일구거나 바다를 산책하거나 등산을 하며 느긋한 나날을 보냈다.

지난 1년간 내가 어디서 얼마나 지냈는지 정리해 보니 집에서 육 개월, 여행지에서 이 개월, 섬집에서 사 개월 정도를 보냈다. 아버지의 고향인 섬은 아무것도 없는 작은 섬으로, 그렇기에 오히려 마음에 드는 곳이다. 택배도 오지 않아 인터넷 쇼핑도 할 수 없고, 극장에도 갈 수 없고, 전시를 보러 갈 수도 없고, 식당이라고 할 만한 곳도 별로 없다. 이 섬에서 할 수 있는 것들이란 바다 보기, 수영하기, 자전거 타기, 책 보기, 산책하기 정도다. 그런 지루한 섬이 뭐가 좋냐고 하면 이곳에서는 '할 수 있는' 일들이 적기 때문에 '해야 하는' 일들도 아주 적다는 점이 좋다. 그렇게 할 수 있는 일이 적은 곳이기에 오히려 더 자유롭다고 느낀다.

맛집에 가야겠다거나, 벽지를 새로 칠해야겠다거나, 최근 개봉한 인기 영화를 보러 가야겠다거나 하는, 꼭 해야 하는 건 아니지만 할 수 있어서 해 오던 일들이 섬집에 오면 할 수 없게 된다. 그래서 섬에 있는 동안에는 일정이 아주 단순해진다. 일어나서 밥을 해 먹고, 바다나 산으로 나들이를 가거나, 밭을 손질하고, 15분 정도 논길을 걸어 작은 슈퍼에서 장을 봐 오는 것이 이 섬에서 할 수 있는 일의 전부다. 물론 불편한 점도 있지만 마치 스마트폰을 두고 산책을 나선 것 같은 홀가분한 마음으로 하루를 보낼 수 있다.

섬에서 보내는 시간이 점점 길어지면서, 여기서도 일을 해야 할 때가 많아져 이제는 노트북 등 휴대용 업무 기기를 가져오게 되었다. 섬에서는 일을 하지 못한다는 점이 사실 가장 좋은 점 중 하나였다고 할 수 있는데, 휴대용 전자기기를 들고 다니게 되면서 이제는 온전히 휴식의 공간이던 섬에서도 일에서 도망칠 수 없어졌다. 참으로 애석한 일이다. 그럼에도 불구하고 도시의 카페에서 빽빽한 건물과 도로를 보며 작업하는 것이 아니라 탁 트인 바다와 계절마다 옷을 갈아입는 나무들이 보이는 카페에서 작업한다는 것을 위안으로 삼기로 했다.

아무것도 없는 시골 섬에서 텃밭이나 손질을 하며 보내는 일상은 사실 화려한 관광지나 리조트에서 지내는 일상보다는 조금 초라해 보일 수 있을 것 같다. 경제적 자유를 달성한 이후에도 여전히 내 생활비는 100만 원 내외다. 이전에 금융 공부를 하는 사람들이 모여 있는 그룹에서 겨우 몇 억으로 경제적 자유를 달성했다고 하는 사람들이 우습다며 비웃는 사람들을 본 적이 있다. 하긴 내가 큰 도움을 받았던 책에서도 '경제적 자유'는 단순히 자산소득으로 노동하지 않아도 생활이 가능한 삶이 아니라 '하고 싶은 모든 일을 자산소득으로 영유하는 것'을 경제적 자유라고 한다고 말했다. 정말 큰돈을 벌어 소위 '부자'라고 할 수 있는 사람이 아니라면 '경제적 자유'를 자칭하는 게 우스울 수도 있을 것 같다. 책에 나온 정의대로 내가 온전히 금융소득만으로 자산소득을 얻는다 쳤을 때 나에게 경제적 자유를 위해 필요한 금액은 월 1,100만 원, 종잣돈 16억 5,000만 원이다. 그러니 고작 종잣돈 목표액이 1억 남짓에 월 생활비 100만 원 정도의 생활을 하고 있는 내가 우스울 수도 있겠다.

하지만 나는 화려하거나 호사스럽지는 않더라도 지금의 이러한 생활에 충분히 만족하고 있다. 이러한 나의 사고방식에는 여성 창작자에게는 자물쇠가 달린 자기만의 방과 연간 500파운드가 필요하다고 말한 것으로 유명한 버지니아 울프의 『자기만의 방』의 몇 문장이 큰 영향을 주었다. 여성 참정권 법안이 통과된 날, 울프는 숙모가 사망하여 자신이 연간 500파운드의 연금을 받게 되었다는 소식을 듣는다. 그리고 울프는 투표권과 돈, 이 두 가지 중 돈이 훨씬 중요하게 느껴졌다고 고백한다. 대표적인 페미니스트 여성작가로 꼽히는 울프이기에 이 부분은 다소 충격적으로 느껴진다.

그러나 그렇기에 스스로 경제권을 얻기가 힘들었던 그 시대의 여성에게 연 500파운드의 고정 수입이 얼마나 큰 의미였는지를 실감할 수 있다. 그것은 울프에게 단순히 돈이 아니라 일종의 존엄과 자유였던 것이다.

언제나 하기 싫은 일을 하고 있다는 사실, 늘 그래야 했던 건 아니지만 그렇게 해야 할 것 같았고 위험을 감수하기에는 이해관계가 너무 커서 노예처럼 비위를 맞추고 아양을 떨며 그 일을 하고 있다는 사실, 그리고 드러내지 않으면 죽는 것과 다를 바 없던 재능(하잘것없지만 당사자에게는 소중한)이 소멸하고 그와 함께 내 자신, 내 영혼도 파괴당한다는 생각, 이 모든 것이 꽃피는 봄날을 갉아먹고 나무속을 좀먹는 녹처럼 변했지요.*

　그리고 이 한 문장이 그야말로 나를 관통했다. 모두가 삶을 유지하기 위해 당연하게 해내고 있는 생계 노동이 왜 그렇게 나에게 고통으로 다가왔는지가 너무나도 명료한 언어로 적혀 있었다. 그 감각을 이러한 문장으로 읽고 나니 더 이상 이런 식으로 살아갈 수는 없다는 생각이 들었다. 그래서 언제나 나의 최우선 목표는 생계 노동으로 인한 부자유에서 탈출하는 것이었다.

　타인과 비교하는 함정에만 빠지지 않는다면 내가 더 많은 것을 가지지 못한다는 사실은 나에게 별다른 고통이 되지 않는다. 하지만 더 많은 것을 가지기 위해 더 오랜 시간 일해야 하는 것은 실존하는 고통이었다. 그래서 나는 최소한의 생활비로 소박한 생활을 하더라도 충분히 만족한다.

　버지니아 울프는 봄날 햇살 속에서 증권 거래인과 변호사가 더 많은 돈을 벌기 위해 문 안으로 들어가는 모습을 보며 '사실 1년에 500파운드가 있으면 햇볕을 받으며 살 수 있는데'하고 탄식한다.

　물론 더 많은 돈을 벌어 더 높은 생활수준을 누리는 것을 목표로 할 수도 있다. 그러나 그럴수록 내가 목표로 하는 자유로운 삶은 늦게 찾아올 것이다. 나는 내가 무엇을 원하는지 알고 있다. 소박한 생

---

* 『자기만의 방』, 버지니아 울프(민음사, 이미애 역)

활수준에도 만족할 수 있는 성격인 덕에, 나는 만 29세에 원할 때 안식년을 갖고, 봄날의 햇살 아래에서 햇볕을 받으며 지낼 수 있는 자유와 내가 하고 싶은 일만을 선택할 수 있는 자유를 얻었다. 이만하면 충분한 성취가 아닐까?

절제하는 삶

'더 많은 것을 가지지 않아도 충분하다'는 사고방식에는 돈 공부를 하기 전부터 지향하던 미니멀리즘 또한 영향을 주었다. 앞에서도 소개했듯, 최소한의 비용으로 최대의 행복을 얻는 방법들 중에는 즐기던 것을 한정하여 소비하는 것이 있다. 투자에서의 리스크 관리에서도 가장 중요한 것 중 하나가 탐욕을 절제하는 것이라고도 했다. 이 모든 경험과 배움들이 절제의 중요성을 말하고 있었다. 내게 정말 중요한 것들만 충족된다면 그 외의 것들은 부재하더라도 불행하지 않다. 조금 불편할 뿐이다. 그리고 그 정도의 불편함은 충분히 받아들일 수 있다. 어차피 아무런 불편함이 없는 삶이란 이룰 수 없는 허상이기 때문이다.

그리고 종종 이쪽이 더 오랫동안 행복을 효율적으로 수거할 수 있는 수단이라는 생각도 든다. 내가 지금 당장 매달 3백만 원씩 사용하며 생활수준을 높인다면 당장은 높아진 생활수준에 아주 즐거울 것이다. 하지만 그런 생활에 익숙해지면 일상의 만족도는 점점 낮아질 것이며, 생활수준을 거기서 더욱 높이지 않는다면 그 이상의 행복을 느끼지 못할 가능성이 크다. 하지만 만약 내가 지금의 소박한 생활에서 아주 천천히, 필요할 때마다 생활수준을 조금씩 높여 간다면 어떨까? 아마 그때마다 나는 큰 만족을 얻을 수 있을 것이다. 결과적으로 높은 수준의 만족도를 더 적은 비용으로 수십 년간 유지할 수 있는 것이다. 거기다 저축도 더 많이 할 수 있고, 경제적 자유도 더 빨리 달성할 수 있다. 내 입장에서는 좋은 점뿐이다. 그래서 나는 지금 이렇게 절제하는 생활이 아주 합리적이고 효율적이라는 생각을 한다.

본질을 보기 위해 노력하는 습관은 절제하는 삶에 도움이 된다. 이전에 미니멀리즘 에세이를 읽다가 크게 공감했던 부분이 있다. 작가가 여행을 갈 때 목적지에 도착할 수만 있으면 무엇을 타고 가든 상관없고, 잠을 잘 수만 있다면 굳이 멋진 숙소가 아니라도 상관없다는 내용이었다. 진짜로 목적으로 하는 것만 이룰 수 있다면, 그 수단이 무엇인지는 사실 크게 중요하지 않다는 것이다! 근래에는 마치 수단이 목적보다 더 중요해 보이는 사람들이 많은 것 같다. 중요한 것은 부자가 되는 것이 아니라 무엇을 위해 부자가 되려고 하는가다. 이때 목적과 수단이 헷갈릴수록 탐욕에 매몰되기도 쉽다. 특히나 내가 경계하는 것은 타인에게 과시하기 위해 필요 이상의 과소비를 하는 습관이다. 이러한 습관은 타인과 나를 항상 비교하게 만들기 때문에 불행으로 가는 지름길이다.

물론 모두에게 소박한 삶을 살라고 권하는 것은 아니다. 사람마다 자신의 행복이 있으므로 자신의 행복이 무엇인지 고민하는 것이 우선이다.

종종 '절제'가 나를 더 좋은 방향으로, '탐욕'은 나를 나쁜 방향으로 나아가게 한다는 생각을 자주 한다. 특히나 투자를 할 때 더욱 강하게 느낀다. 수익을 극대화할 욕심으로 제대로 공부하지 않고 그때그때 화제가 되는 리스크가 높은 상품에 투자할 때마다 손실을 보았기 때문이다. 이러한 경험을 몇 번이나 반복하면서 결국 손실을 부르는 것은 탐욕이라는 생각이 들었다.

나는 비거니즘을 지향하고 있는데, 환경주의적인 이유로 최근 화제가 되는 모 상품에 투자하지 않은 적이 있었다. 그리고 이후 그 상품은 폭락했다. 사실 이런 삶은 나 개인에게는 좀 불편하고 신경 써야 하는 일이 많은 번거로운 삶이다. 하지만 결국은 그러한 태도가 내 손실을 막아 주었다.

돈 버는 것만을 생각하면 이제는 정말로, 돈을 버는 것은 그다지 어렵지 않다는 생각이 든다. 세계가 이어져 있는 이 시대에 돈을 벌 수 있는 선택지는 수없이 많다. 그 수많은 선택지 중에서 법과 도덕, 사회적 윤리 또는 나 스스로의 신념을 꺾으면 더 많은 돈을 벌 수 있는 선택지들도 많이 존재한다. 돈을 벌고 투자하는 과정에서 우리는 탐욕을 절제하고 윤리를 지킬 수 있는지를 계속해서 시험받는다. 그

와중에 이러한 유혹에 빠지는 사람들 때문에 부자는 탐욕스럽고 부도덕하다는 이미지를 갖게 되었을 것이다. 그만큼 유혹을 뿌리치는 것은 어려운 일이다. 하지만 적어도 그러한 탐욕스러운 행동이 우리의 공동체에, 사회에 어떠한 영향을 끼칠지 한번이라도 고민해 보면 어떨까? 아니다. 굳이 사회적 영향력을 생각하지 않더라도 그러한 유혹에 무릎 꿇는 것이 과연 장기적으로 자신이라는 인간에게 긍정적인 영향을 줄 것인지도 생각해 보자. 두 번째 파트에서 삶의 밸런스에 대해 이야기할 때 사회적 공헌 또한 삶의 밸런스에 속해 있는 것을 기억할지 모르겠다. 사회에 도움이 되는 삶의 방식이 바로 나를 더 행복하게 만드는 데에도 기여한다는 것을 잊지 말자.

욕망을 터부시하라고 말하는 것이 아니다. 다만 그 욕망이 나를 부정적인 방향으로 끌고 가는 밑 빠진 독인지, 긍정적인 방향으로 나아가도록 도와주는 열정의 연료인지를 고민해 보자.

세미 은퇴 생활자의 권태 예습

경제적 자유라고 하면 그저 좋은 점만 있을 줄 알았다. 그런데 직접 겪어 보니 경제적 자유를 달성한 후에 불행해졌다는 사람이 어째서 존재하는지 이해할 수 있었다. 모든 일이 그렇듯 마냥 장점만 있는 것은 아니었다.

나도 처음 경제적 자유를 달성하고 얼마간은 그저 즐거웠으나, 시간이 지나자 이상한 감각이 따라왔다. 달성해야 할 목표가 사라지는 바람에 이제부터 무엇에 열중해야 할지 알 수 없었던 것이다. 그래도 나는 경제적 자유를 달성한 사람이 종종 이러한 권태에 빠진다는 것을 이미 알고 있었다. 이에 대한 대비로 돈과는 관련 없는 평생의 목표(꿈)를 이미 정해 두기도 했다. '이렇게 미리 정해 두면 경제적 자유를 달성해도 헤매지 않을 수 있겠지' 하고 생각했으나 막상 닥쳐오니 이건 그렇게 단순한 것이 아니었다. 경제적 자유를 이룬 후에는 돈과 관련 없이 꿈을 추구할 수 있을 것이라고 생각했다. 그런데 의외로 생계를 해결하고자 하는 마음이 꿈을 위해 노력하는 데에 큰 영향을 주고 있었다는 걸 알았다. 말하자면 꿈을 위해 노력하는 이유에는 두 가지가 있는데 하나는 꿈 그 자체의 명성이나 성취 욕망이고, 그리고 또 하나는 그것으로 말미암아 생계를 유지하고 싶다는 마음이었던 것이다. 그리고 그중 하나가 사라지자 꿈을 위해 노력하려는 마음 또한 흔들리기 시작했다.

내가 목표로 하는 꿈은 조금 민망하지만 세계적으로 인정받는 좋은 작품을 그리는 것이다. 그런데 나는 이미 경제적 자유를 달성했고 만화를 그리는 것은 정말 힘든 일이다. 간단한 이야기여도 만화를 발표하려면 수십, 수백 시간을 만화에 쏟아부어야 하고, 내가 목표로 하는 세계적으로 인정받는 좋은 만화를 그리려면 정말 훌륭한 작품을 내보여야 할 테니 또 그 수십, 수백 배의 시간이 필요할 것이었다.

나는 더 이상 생계를 위해 노동하지 않아도 되는 사람이었고 돈을 벌려고 한다면 만화보다 쉬운 돈벌이는 얼마든지 있었다. 그렇기에 만화를 그리기 위해 책상에서 무수한 시간을 보낼 필요가 없다는, 꿈을 포기하자는 유혹이 피어올랐다. 만화로 돈을 그다지 벌지 못하고 부족한 수입에 힘들어했던 때도 흔들리지 않았던 유혹이었다. 그러나 그 외에 내가 하고 싶은 일이 있냐고 하면 역시 만화만큼 나를 기쁘게 하는 일도 없었다. 이 상태로 만화마저 포기한다면 그야말로 닻이 없는 배처럼 망망대해를 방황하게 될 것 같았다. 느긋한 일상을 보내면서도 마음은 혼란스러운 상태로 몇 개월 정도가 지났다.

그러다 우연히 창조성을 회복하게 도와준다는 '모닝페이지'에 대해 알게 되었다. 재미있고 유익해 보이는 일이면 이것저것 다 시도해 보는 나는 모닝페이지도 써 보기 시작했다. 모닝페이지는 무의식을 배출한다는 느낌으로 쓰는 노트인데, 쓰면서 이런저런 고민들을 매일 아침 노트에 적자 마음이 조금씩 정리되는 것 같았다. 처음으로 만화를 대하는 나의 마음과 내 인생에서 만화의 위치를 깊게 파고들어가 보았다.

그러던 중 여러 전문가와 창작자들의 성공 습관과 루틴을 적은 책도 읽게 되었다. 자주 할수록 뭔가를 더욱 하기가 쉬워지고, 부담이 줄어들며, 창의력이 살아난다는 이론이었다. 이 부분을 내 삶에 적용해 보기 위해 한 달 동안 매일 블로그에 글을 올리는 '1일 1포스팅

프로젝트'를 시작했다. 뭔가를 만들어 내는 감각을 회복하고 싶었다. 매일매일 글을 올리는 것은 어려운 일이었다. 하나의 글을 업로드하는데 몇 시간 이상 걸리기도 했다. 하지만 그렇게 포스팅이 하나씩 쌓이면서 한 달 뒤 30개의 포스팅을 쓰는 것에 성공하자 뿌듯한 마음이 들었다. 거기에는 매일의 작은 성취들이 가시적으로 쌓여 있었다. 또 하나의 성공일기가 거기 있었다.

그렇게 해서 나온 결론은 나는 이 정도의 목표는 성취할 수 있는 사람이라는 마음과, 역시 무언가를 만들고 발표해 반응을 얻는 것은 즐거운 일이라는 것이었다. 그중에서도 역시나 반응을 얻었을 때 가장 행복한 마음이 드는 것은 만화라는 것도 알았다. 동시에 만화를 그리는 일이 부담되고 힘든 이유는 거대한 목표 때문이라는 것을 깨달았다.

몇 년 전부터 내가 문제를 해결하는 데 자주 사용하는 방법이 있다. 그것은 바로 두 가지 선택지가 완전히 정반대에 위치하는 게 아니라면 그 두 가지를 다 어느 정도 수용하거나 그 중간 즈음을 선택하는 방법이다. 말하자면 쇼핑을 할 때 가격이 저렴하지만 성능이 좋지 않은 상품과 성능은 좋지만 비싼 상품이 있다고 했을 때, 성능도 크게 나쁘지 않고 가격도 중간 정도인 상품을 선택하는 것과 같은 요령이라고 할 수 있다. 물론 두 개의 장점을 가진 또 다른 선택지를 찾아야 하기 때문에 더욱 좁은 길이 될 수도 있다. 예를 들면 작품을 만들 때 대중성과 예술성, 둘 중 어느 쪽을 택해야 할지 고민이 된다고 치자. 그럴 때 작품에 대중성이 있는 소재를 사용하면서, 어느 정도의 예술성 또한 갖도록 구상하기 위해 노력하는 것이다. 물론 어려운 길이지만 둘 중 하나만을 선택하는 것이 고통스러워 작품을 만드는 것 자체가 힘들어진다면 이런 길이 있을 수 있다는 걸 깨닫는 것만으로도 선택지가 많아진다.

그래서 나는 만화를 계속 그리되 너무 힘들게 그리지는 않기로 했다. 세기의 명작을 그려 내지 못하더라도 그냥 계속 만화를 그리기로 한 것이다. 물론 이왕 좋은 작품이 된다면 좋을 것이다. 하지만 졸작이고 재미없고 시시한 만화라도 괜찮다고 생각하기로 했다. 어차피 이제 만화로 돈을 벌지 못해도 내 생계에는 문제가 없다. 자기만족이라도 상관없는 것이다. 그리고 분명 부담감 때문에 만화를 그리지 못하는 것보다 시시한 만화라도 계속해서 그려 나가는 쪽이 좋은 작품이 만들어질 가능성도 높을 것이다.

지금 나는 굳이 일을 할 필요가 없는데, 그렇다고 아예 일을 안 하는 것도 아니기 때문에 일종의 '세미 은퇴' 상태다. 이렇게 경제적 자유를 달성하고 난 뒤 깨닫게 된 것은 이러한 상태를 일시적으로라도 우선 한 번쯤 달성해 보는 것이 그 이후의 삶을 준비하는 데 도움이 된다는 점이다. 그동안 나는 경제적 자유에 대해 책이나 콘텐츠 등으로 간접경험만을 해 왔는데, 직접 경험해 보고 나니 확실히 상상만 하던 것과는 다른 부분들이 있었다.

이 경험 덕분에 앞으로의 미래를 대비를 하는데 큰 도움이 되었다. 지금의 나는 인생의 가장 큰 산이라고 생각했던 것에 올라왔는데, 오르고 나니 그 뒤에 더 큰 산이 있는 것을 발견한 기분이다. 아마 이 산에 올라오지 못했다면 그 뒤의 산은 아예 발견조차 못했을 것이다. 이제 지금의 봉우리에서 안주할 것인지, 이 산에서 내려가서 더 큰 산에 오를 것인지를 선택해야 할 것이다. 일단 잠시 이 봉우리에서 쉬려고 한다. 미뤄 둔 일들을 하고, 휴식을 취하고, 재정비를 한 다음 결정해야겠다. 아마 충분히 쉬고 난 후에는 다음 산에도 오르고 싶어질 것 같다.

─ 참고 자료 ─
- 『조그맣게 살 거야』, 진민영
- 『아티스트 웨이』, 줄리아 카메론
- 『루틴의 힘』, 그레첸 루빈, 댄 애리얼리 외 2명
- 『나는 4시간만 일한다』, 티모시 페리스

마치며

안녕하세요. 만화가 이삭입니다. 만화가인데 첫 정식 출간을 만화책이 아니라 금융 서적으로 시작하다니 제가 생각해도 조금 요상한 커리어인 것 같습니다. 조금 이상해 보일 수는 있지만 원래부터 금융서를 쓰려고 한 것이 아니라 그때그때의 눈앞에 할 수 있는 일들을 하다 보니 결과적으로 책이라는 종점에 도착했다는 느낌입니다. '앗, 언제 여기까지? 여기까지 올 생각은 없었는데?' 하지만 저는 여행을 좋아하니 생각지 못했던 곳까지 오게 된 것은 즐거운 일입니다.

처음에는 그냥 한 권의 공부노트였던 것이 블로그 유료 연재작이 되고, 아티클이 되고, 독립출판물이 되고, 정식 출간 서적이 되었네

요. 아마 그냥 공부노트로 놔두었다면 여기까지 오지 못했겠지요.

그저 '돈 공부와 저축 과정을 기록하고 공유해야지!' 하는 마음으로 시작했던 프로젝트인데 이야기를 정제하고 다듬어 대중에게 발표하는 행동에는 역시나 큰 힘이 있구나 하고 느낍니다. 그 모든 과정 동안 힘든 일도 많이 있었지만 새로운 경험과 배움, 그리고 반응을 주시는 분들이 있어 즐겁기도 했답니다. 이 책에서도 제 경험과 공부한 내용들을 열심히 다듬어 여러분께 도움과 즐거움을 드릴 수 있도록 노력했어요.

부디 이 책이 과거의 저처럼 어려움을 겪고 있던 분들께 조금이나마 도움이 되길 바랍니다.

어려운 세상이지만 다들 즐거운 마음을 가지고 살아요. 언젠가 제가 만든 무언가로 다시 만날 수 있다면 기쁠 것 같습니다. 읽어 주셔서 감사합니다. 평안하세요!

이삭(서준희)

내 통장
구제하기
프로젝트

1판 1쇄 발행 2022년 11월 10일
1판 2쇄 발행 2022년 12월 9일

지은이 이삭

발행인 양원석 **편집장** 정효진 **책임편집** 문예지
디자인 김유진, 김미선 **영업마케팅** 양정길, 윤송, 김지현, 정다은, 박윤하

펴낸 곳 ㈜알에이치코리아
주소 서울시 금천구 가산디지털2로 53, 20층 (가산동, 한라시그마밸리)
편집문의 02-6443-8843 **도서문의** 02-6443-8800
홈페이지 http://rhk.co.kr
등록 2004년 1월 15일 제2-3726호

ISBN 978-89-255-7732-6 (03320)

이 책은 일하는 사람들의 콘텐츠 플랫폼 퍼블리(publy.co)에서 발행한
'루트 파인딩: 새해 첫 돈 관리 목표 세우기'를 기반으로 내용을 보충해 출간했습니다.